MARTINA SEIFEN

NEUSTART FÜR DIE SEELE

Die Zeit ist Jetzt!

novum pro

© 2022 novum Verlag

Bibliografische Information
der Deutschen Nationalbibliothek:

Die Deutsche Nationalbibliothek
verzeichnet diese Publikation in
der Deutschen Nationalbibliografie.
Detaillierte bibliografische Daten
sind im Internet über
http://www.d-nb.de abrufbar.

Alle Rechte der Verbreitung,
auch durch Film, Funk und Fernsehen,
fotomechanische Wiedergabe,
Tonträger, elektronische Datenträger
und auszugsweisen Nachdruck,
sind vorbehalten

Gedruckt in der Europäischen Union
auf umweltfreundlichem, chlor- und
säurefrei gebleichtem Papier.

ISBN 978-3-99131-637-4
Lektorat: Susanne Schilp
Umschlagfotos: Andreykuzmin,
Oksana Bondar, Okea | Dreamstime.com
Fotostudio Marquart, Tutzing
Autorenfoto: Fotostudio Marquart, Tutzing
Umschlaggestaltung, Layout & Satz:
novum Verlag
Innenabbildungen:
siehe Bildquellennachweis S. 151

Die von der Autorin zur Verfügung gestell-
ten Abbildungen wurden in der bestmög-
lichen Qualität gedruckt.

www.novumverlag.com

INHALT

VORWORT

Liebe Leserin, lieber Leser,

wir Erden-Menschen haben seit Anfang 2020 ganz schön viel mit- und durchgemacht und kommen gar nicht nach zu begreifen, was eigentlich alles passiert. Erst das Corona-Virus, dann der Krieg zwischen Russland und der Ukraine, jetzt die Inflation, die Angst ums Öl und Gas und vor einem kalten Winter. Wenn schon Corona uns gelehrt hat, dass es Zeit ist umzudenken, dann die aktuelle Situation erst recht. Nichts bleibt, wie es war und nichts ist, wie es scheint.. Wir stehen an der Schwelle zu einer neuen Zeit, dem Wassermannzeitalter. Immer mehr, immer besser, immer größer passt nicht mehr. Gefragt sind Teamplayer, Menschen, die durch liebevolles Miteinanderumgehen, Respekt und Achtsamkeit die Zukunft gemeinsam gestalten. Das mag in Anbetracht der aktuellen Ereignisse recht seltsam klingen und dennoch ist es so.

Neue Zeiten bringen Veränderungen mit sich. Und das erfordert, dass auch Sie und ich uns ändern. Die ständigen Schreckensbotschaften der Welt kann unser Gehirn auf Dauer nicht verarbeiten. Schlimmer noch, sie wirken sich auf unsere Gesundheit und unsere Seele aus. Je mehr wir aber an unserem inneren Licht und unserer Seele arbeiten, umso besser ist das für uns und die ganze Welt.

Mehr denn je ist es darum heute wichtig, dass Sie sich Zeit für sich selbst nehmen und sich tägliche Auszeiten gönnen, die nur Ihnen gehören. Nur, wenn Sie sich mit sich selbst beschäftigen und erforschen, was Ihnen wichtig ist und was Sie lieben, können Sie Ihr Leben und das Ihrer Mitmenschen glücklich gestalten. Fragen Sie sich: Was ist mir wichtig? Wie möchte ich meine Zeit auf dieser Welt am liebsten verbringen? Was möchte und was kann ich Gutes tun? Und: Was kann ich besonders gut? Sie können etwas besonders gut, ganz sicher! Sie sind einzigartig und besitzen eine spezielle Begabung – wie jeder Mensch. Die gilt es zu entdecken. Das Gute daran: Nicht nur Sie selbst werden glücklich, sondern auch alle Menschen um Sie herum, mit denen Sie zu tun haben. Es ist wie ein Dominoeffekt.

Das, was wirklich zählt, ist die Verbundenheit mit der eigenen Seele, damit man sich selbst besser fühlen und intuitiv die richtigen Entscheidungen treffen kann. Dazu ist es mitunter auch ratsam, alte Pfade zu verlassen, auch wenn eine Stimme in uns (das Ego) immer wieder mahnt: Lass alles, wie es ist! Doch es bleibt nie etwas, wie es ist. Widerstand gegen Veränderungen und das Festhalten an einer Vergangenheit, die sich nicht bewährt hat, machen darum auch keinen Sinn. Führen Sie das Leben, von dem Sie spüren und wissen, dass es richtig ist – und das Ihnen bestimmt ist. „Sei du selbst, alle anderen gibt es schon", hat der englische Schriftsteller Oscar Wilde einmal gesagt. Genau darum geht es! Die US-Bestseller-Autorin und spirituelle Lehrerin Marianne Williamson hat in einem Gedicht einmal sehr treffend festgehalten, was uns davon abhält, unsere Lebensziele, -träume und -wünsche zu erreichen.

Unsere tiefste Angst ist nicht,
ungenügend zu sein.
Unsere tiefste Angst ist,
dass wir über alle Maßen kraftvoll sind.
Es ist unser Licht, nicht unsere Dunkelheit,
was wir am meisten fürchten,
Wir fragen uns, wer bin ich denn,
um von mir zu glauben, dass ich brillant,
großartig, begabt und einzigartig bin?
Aber genau darum geht es,
warum solltest Du es nicht sein?
Du bist ein Kind Gottes.
Dich klein zu machen, nützt der Welt nicht.
Es zeugt nicht von Erleuchtung, sich zurückzunehmen,
nur damit sich andere Menschen um dich herum
nicht verunsichert fühlen.

Wir alle sind aufgefordert, wie die Kinder zu strahlen.
Wir wurden geboren, um die Herrlichkeit Gottes,
die in uns liegt, auf die Welt zu bringen.
Sie ist nicht in einigen von uns,
sie ist in jedem.
Und indem wir unser eigenes Licht scheinen lassen,
geben wir anderen Menschen unbewusst die Erlaubnis,
das Gleiche zu tun.
Wenn wir von unserer eigenen Angst befreit sind,
befreit unser Dasein automatisch die anderen.

WER ICH BIN

*„Träume dir dein Leben schön und mach aus diesen Träumen
eine Realität."*

Marie Curie, Physikerin, Nobelpreisträgerin (1867–1934)

Ich bin eine Frau. Der liebe Gott hat mich mit einer Extraportion Optimismus und Lebensfreude beschenkt. Und mit der Liebe zum Schreiben. Ich habe mein halbes Leben in Redaktionen verbracht. Hier konnte ich durch eigene Beiträge selbst kreativ sein, aber auch anderen eine Plattform für ihre Artikel und Beiträge geben. Kommunikation – mündlich und schriftlich – ist für mich ein wichtiges Mittel, um mich mitzuteilen und mit anderen Menschen auszutauschen.

Ich liebe die Menschen und die Menschen lieben mich, meistens jedenfalls. Mit diesem Buch möchte ich Ihnen gerne zeigen, wie schön es ist, wenn man mit sich in Harmonie ist. Um wie viel reicher und reizvoller dann die Welt um einen herum erscheint und auch tatsächlich ist. Ich sehe es als meine Aufgabe an, Licht und Freude zu verbreiten.

Seit Jahrzehnten beschäftige ich mich mit spirituellen Themen und Themen rund um die Gesundheit. Ich habe viele Seminare und Workshops zu den verschiedensten Themen wie Authentisches Reiki (Grad I, II, III + IV), Azidose-Massage, Shiatzu, Edelsteinen, Kundalini- und Lachyoga, Atemtherapie und Astrologie besucht. So konnte ich mir im Laufe der Zeit einiges an praktischem und intuitivem Wissen aneignen. Dieses Wissen möchte ich an Sie, liebe Leserin, lieber Leser, gerne weitergeben.

Freiheit und Unabhängigkeit sind mir sehr wichtig. Und natürlich sehe ich, trotz allem Optimismus, auch so manches kritisch und frage mich mitunter, wohin unsere Reise als Weltengemeinschaft geht. Doch ich weiß auch: Vieles wird sich in absehbarer

Zeit bessern und – so Gott will – gar auflösen. Dank der großen Konjunktion der Planeten-Giganten Saturn und Jupiter vom 21. Dezember 2020 ist der Eintritt in die neue Epoche bereits vollzogen. Das bedeutet: Viele Menschen werden sich ihrer selbst bewusster, sehen klarer und erkennen die neuen Möglichkeiten, die das Luftelement ihnen bietet: Leichtigkeit, Freiheit, Offenheit, Erneuerung – aber auch globale und geistige Vernetzung, Erfindungsgeist und Schöpferkraft stehen sozusagen vor der Tür.

Wir befinden uns in einer neuen Zeit, in der das weibliche Geschlecht wie nie zuvor eine besondere Rolle spielen wird und muss. Durch ihre besonderen Fähigkeiten zu Intuition, Heilung und Transformation sind Frauen geradezu prädestiniert, den Übergang in das Wassermannzeitalter glücklich zu gestalten.

So wie die zehn Frauen in diesem Buch. Sie fühlen sich nicht nur dem Licht und der Liebe zum Leben verbunden, sie leben sie auch. Ihr Wunsch ist es, sie an so viele Menschen wie möglich weiterzugeben. Jede auf ihre Weise und mit ihrer eigenen Mission.

Denn es gibt viele Wege zum großen Glück. Gehen Sie einen mit oder mehrere oder gerne auch alle!

WAS DAS WASSERMANNZEITALTER BEDEUTET

„Das gegenwärtige Zeitalter der Menschheit nähert sich rasch
dem Höhepunkt seiner Entwicklung.
Am Höhepunkt der Welle wird es einen Bruch geben zwischen
den materiell Denkenden und den spirituell Denkenden.
Heute steht der Mensch an der Schwelle zu einer neuen Zeit, dem
Wassermannzeitalter, in dem die Menschheit ein neues Bewusst-
sein oder einen neuen Erkenntnisgrad erreicht ..."

Edgar Cayce, Medium (1877–1945)

Nach den Berechnungen der Astrologie wechselt die Sonne durch
die Erdrotation alle 2150 Jahre in ein neues Sternbild. Die Zeit
ab ungefähr Christi Geburt bis heute wird dem Zeitalter der Fi-
sche zugeordnet. Eine Ära, die unter anderem durch die Entwicklung der großen Weltreligionen Buddhismus, Christentum und
Islam gekennzeichnet ist. Auch die Beschäftigung mit Mystik,
mit der Jenseitsforschung und der Frage nach einem Leben nach
dem Tod, gehören dazu. Ebenso Eigenschaften wie Nächsten-
liebe und Mitleid. Auf der anderen Seite sind im Fische-Zeital-
ter zahlreiche Kriege im Namen von Gott und Religion geführt
worden. Machtansprüche Einzelner, Sklaventum und Materia-
lismus sind die dunklen Kennzeichen des Fische-Zeitalters. Kirche, Könige und Diktatoren forderten kollektiven Gehorsam.
Das Seelenheil lag in den Händen von religiösen und weltlichen
Führern. Selbstbestimmung, Selbstverantwortung und Individu-
alität, die Selbstständigkeit der Frau sind Eigenschaften, die sich
erst in jüngster Zeit entwickelt, aber nicht in allen Ländern der
Erde durchgesetzt haben.

Das Wassermannzeitalter oder auch Aquarius-Zeitalter bedeutet
eine geistige Wende in der Geschichte der Menschheit. Wie kein
anderer Planet ist der Uranus, der Herrscher des Wassermanns,
immer für eine Überraschung gut. Plötzliche Veränderungen,

geistige Impulse, Erleuchtung und Neuerungen gehören zu seinem Repertoire. Nichts bleibt, wie es war. Nicht nur die Gesellschaft als Ganzes, auch das Bewusstsein der Menschen ändert sich. Geistige Klarheit, Kreativität und neues spirituelles Wissen gehören zu den Qualitäten des Wassermanns. Viele Astrologen verknüpfen mit dem Eintritt ins Wassermannzeitalter neue Ideen und Eigenschaften wie die Computerära, das Streben nach höherer Bewusstheit, Freiheit, Frieden und Weltbürgertum. Im Wassermannzeitalter werden die persönlichen Bedürfnisse des Einzelnen den Bedürfnissen der Gemeinschaft untergeordnet. Es geht ums Ganze! Gekennzeichnet sind viele Veränderungen aber auch durch Freiheitskämpfe, Unruhen, Proteste und allgemeine Ungewissheit. Es sieht also ganz so aus, als wenn wir uns gerade mittendrin befinden.

Wann das Wassermannzeitalter eigentlich begonnen hat, darüber ist man sich nicht so ganz einig. Einige Astrologen und Astronomen sind der Meinung, dass mit dem Ende des Maya-Kalenders am 21. 12. 2012 die Geburtsstunde des neuen Zeitalters war. Der Schweizer Psychologe Carl Gustav Jung datierte den Beginn noch früher, auf die Jahre zwischen 1997 bis 2000.

Wie dem auch sei, fest steht, dass der Übergang in eine neue Epoche nicht von heute auf morgen stattfindet, sondern sich über einen längeren Zeitraum erstreckt. Nachdem Saturn und Jupiter bereits am 21. Dezember 2020 in das Luftzeichen Wassermann eingetreten sind, wird das neue Zeitalter noch viel sichtbarer werden, wenn auch die Planeten Pluto und Uranus 2025 in den Wassermann wandern. Für Astrologen besonders interessant ist der Saturn-Uranus-Zyklus, der Anfang 2021 begonnen hat und etwa 45 Jahre dauern wird. In diesem Kräftemessen der beiden großen Planeten prallen Welten aufeinander. Hier geht es unter anderem um Traditionen und Bewährtes (Saturn) gegen neue Ideen und Technologien (Uranus). Um Grenzen und gesellschaftliche Normen (Saturn) gegen Freiheit und neue Lebensformen (Uranus). Um „Das war schon immer so" (Saturn) gegen zündende Kreativität (Uranus). Um Leistung und Entlohnung (Saturn) gegen ein ganz neues Finanzsystem (Uranus) und vieles mehr.

Kurzum, es geht um uns alle, da wir auf dieser Erde leben und Uranus, je mehr sich seine Zeit entwickelt, auch von uns Flexibilität und Umdenken erwartet. Ego-Trips, ich erwähnte es schon, entsprechen nicht mehr dem Zeitgeist. Im Wassermannzeitalter, so heißt es, werden die Menschen ihre Beziehungen untereinander heilen. Das Verlangen nach Wahrheit, Ehrlichkeit und Menschlichkeit erwacht. Alte Werte und Verhältnisse werden auf den Prüfstand gestellt. Es geht um Gemeinschaft und Zusammenhalt und darum, Menschen zu vereinen, statt sie zu trennen.

Von vielen wird das Wassermannzeitalter auch als „Goldenes Zeitalter" bewertet. Berühmte Seher, wie Michel Nostradamus, sprechen in ihren Prophezeiungen ebenfalls vom Goldenen Zeitalter: Das Paradies auf Erden – eine Heimat des Friedens für alle Menschen. Damit dies auch wirklich geschieht, sind wir alle in die Pflicht genommen. Ich glaube, dass es unsere Aufgabe ist, voranzugehen und einen neuen Weg einzuschlagen, den die Generationen nach uns gehen können. Auch deshalb ist dieses Buch eine Botschaft, bei der dem weiblichen Geschlecht eine Führungsrolle zukommt. Die Leistungen und Stärken der Frauen in den Bereichen Transformation, Kraft, Natur, Intuition und Spiritualität können uns Vorbild und Richtlinie sein. Jede der hier vorgestellten Frauen ist auf ihre Weise einzigartig, mit einer ebenso einzigartigen Botschaft – von der wir alle profitieren können. Wir sind miteinander verbunden!

IRRUNGEN UND WIRRUNGEN IM WASSERMANNZEITALTER

„Die Rachegöttinnen haben ein Karma, das nicht leicht abzuwenden ist. Wenn der Richtspruch für sie nicht siegbringend ausfällt, wird in Zukunft ihrem Denken ein Virus einströmen, der die Erde wie eine unerträgliche, ewige Seuche befällt. So sind sie und so handeln sie immerdar: Ob sie bleiben, ob wir sie fortjagen (verdrängen) – kann ich mir nicht gegen das schwere Leid helfen, das sie bringen."

Von welchem Virus der antike Dichter Äschylos (525–456 v. Chr.) in der Tragödie „Orestie" hier spricht, erschließt sich einem nicht sofort. Bei näherer Betrachtung erfährt man jedoch, dass es um das Virus der ungleichen Behandlung von Mann und Frau geht und um einem ungerechten Richterspruch. Agamemnon, der König von Mykene, wird nach seiner siegreichen Rückkehr aus Troja von seiner Frau Klytaimnestra ermordet, weil er die gemeinsame Tochter Iphigenie als Kriegspfand den Göttern geopfert hat. Orestes, der Sohn von Agamemnon und Klytaimnestra, übt wegen des Mords an seinem Vater Rache und erschlägt seine Mutter. Das wiederum ruft die Rachegöttinnen auf den Plan, die nun ihrerseits Orestes des Muttermordes anklagen. Doch der geht straffrei aus. Zum einen, weil ihm angeblich der Gott Apollon, zum Mord geraten hat. Vor allem aber wegen Pallas Athene, der von Zeus Gezeugten, die durch ihre Stimme einen Freispruch erreicht. Die Rachegöttinnen müssen sich geschlagen geben, allerdings nicht, ohne ein Virus in die Menschheit zu pflanzen.

Die Geschichte des Virus ist auch die Geschichte der Menschheit. Corona ist nicht die erste Pandemie mit weltumspannendem Ausmaß und wird vermutlich auch nicht die letzte sein. Wenn ein Virus auch nicht zu den Lebewesen gezählt werden kann, so hat es doch die Fähigkeit, zu leben und sich zu vermehren, indem es sich einen Wirt sucht. Neben Kohlenhydraten, Fetten und Eiweißen lebt ein Virus auch dadurch, dass es die Seele anzapft. Und die hat im Falle von Corona mit Angst zu tun, einer kollektiven Angst, die sich rasch um den ganzen Globus ausgebreitet hat. Wir alle spüren, ahnen und wissen, dass grundlegende Umstrukturierungen des Lebens im Gange sind. Auch das ist das Wassermannzeitalter, nämlich der Übergang vom Materie- zum Informationszeitalter. Es sind Informationsfelder, die das menschliche Verhalten bestimmen. Das heißt, unser Geist und unser Bewusstsein beeinflussen unseren Körper: Sie können ihn munter oder müde, vital oder krank machen. Grundsätzlich ist das Leben aber stärker als jedes Virus – das hat die Geschichte immer wieder bewiesen. So sind wir Menschen durchaus in der Lage, jedem Virus ein positives Informationsfeld entgegenzustellen. Eines, in dem positives Bewusstsein, Herz und Liebe regieren.

Neben wissenschaftlichen Betrachtungen zu Viren gibt es etliche geisteswissenschaftliche Interpretationen, die anzuschauen einem ebenfalls die Augen öffnen können. Einer der bekanntesten Geisteswissenschaftler und Anthroposophen des letzten Jahrhunderts, Rudolf Steiner, sagte 1914 in einem Vortrag über Bazillen: „Das Mittelalter hatte den Glauben an eine geistige Welt und fürchtete sich vor geistigen Wesen (Kirche und Klerus). Die moderne Zeit hat den Glauben verloren und fürchtet sich deshalb vor physischen Wesen. Der Unterschied ist nur der, dass gegenüber den winzigen Bazillen die Gespenster anständige Wesen sind. Es handelt sich darum – und das ist das Wichtigste, was wir heute besprechen wollen –, dass Bazillen nur dann gefährlich sind, wenn sie gepflegt werden."

Man kann auch sagen: Energie folgt der Aufmerksamkeit. Nach Ansicht von Rudolf Steiner werden die Bazillen dann am besten gepflegt, wenn man sie mit in den Schlaf nimmt. Er sagt: „Wenn man dann mit Gedanken der Furcht in die geistige Welt hineinschläft, erzeugen sich in der Seele die von Furcht durchsetzten

Imaginationen der Krankheitsbilder, und das ist ein gutes Mittel, um Bazillen zu pflegen."

Dass ein solches Verhalten auch einen gesunden Körper und Geist lahmlegen kann, ist nur allzu verständlich.

„Der Erreger ist nichts, das Milieu ist alles", erklärte vor gut hundert Jahren auch der Apotheker und Professor für klinische Chemie und Pharmazie, Antoine Béchamp. Und wie sieht es heute aus, in welchem Milieu leben wir jetzt? Die Antwort fällt nicht allzu schwer, sie lautet: in einem Angst-Milieu. Wenn man sich nach der Herkunft, dem Nährboden der Angst fragt, dann stellt man fest, dass sie schon immer da war. Es ist eine uralte Geschichte. Zu nennen sind hier zum Beispiel das jahrtausendealte Patriarchat und damit verbunden die Herabsetzung und Missachtung des Weiblichen bis hin zur Hexenverbrennung (oft spirituelle Frauen und Heilerinnen) im Namen der Kirche. Auch heute noch sind Frauen nicht nur in vielen Ländern nichts wert, sondern werden überdies auch noch „traditionell" durch Beschneidungen verstümmelt, was ihnen für den Rest ihres Lebens Schmerzen bereitet und die Lust an der Liebe nimmt. Auch in den westlichen Ländern sieht es nicht viel besser aus. Hier werden Frauen zwar nicht körperlich verstümmelt, dafür aber seelisch, indem man sie auf ihr gutes Aussehen und auf ihre Rolle als Sexobjekt reduziert. Wie weit die Frau bei uns auch materiell noch hinter dem Mann zurücksteht, zeigt sich unter anderem an den unterschiedlichen Gehältern und Renten. Auch darin, dass Frauen im 21. Jahrhundert immer noch nicht die gleichen Kirchenämter bekleiden dürfen wie ein Mann. Allerdings scheint hier in jüngster Zeit, auch mit der weiblichen Protestaktion „Maria 2.0", ein neuer Reformgeist in die Sache zu kommen.

Doch zurück zum Milieu, zu dessen Nährboden auch die Verfolgung von Minderheiten und eine oft herzlose Behandlung von Kranken und Alten gehören, die gerade in Pandemiezeiten ein besonderes Ausmaß erfahren hat. Dann natürlich der Raubbau an unserer Erde, die Verschmutzung der Umwelt, der Klimawandel und die Quälerei unzähliger Tiere, während das Streben nach immer mehr Konsum, Profit und Besitz zunimmt.

Das alles hinterlässt Spuren im Gesamtkollektiv, Spuren in unserem Bewusstsein, Spuren, wie wir uns fühlen. Wenn wir versuchen, die Pandemie unter diesem Blickwinkel zu betrachten, dann lässt sich Corona auch als eine Aufforderung interpretieren, den Konsum herunterzuschrauben und auf das Wesentliche zu reduzieren, sich für Nachhaltigkeit und Umweltschutz einzusetzen, alte Menschen mit Respekt zu behandeln, Tiere als gleichwertige Lebewesen anzuerkennen und allgemein wieder zu mehr Mitmenschlichkeit und Liebe zurückzukehren. Es geht darum, neue Informationen ins Wassermannzeitalter zu programmieren. „Wirf deine Angst ab, verlass dich auf deine inneren Hilfsquellen, vertraue dem Leben und es wird dir's vergelten. Du vermagst mehr, als du denkst", erkannte schon der amerikanische Geisteswissenschaftler und Schriftsteller R. W. Emerson (1803–1882).

„Im Universum existiert eine heilige Kraft", sagt auch Dieter Duhm, Psychologe, Autor und Mitbegründer des Friedensforschungszentrums „Tamera" in Portugal. „Es ist eine Kraft, ohne die kein Kind geboren, keine Blume blühen und kein Stern am Himmel leuchten könnte", schreibt er. Es ist die Kraft, die wir alle haben und die wir nutzen und zu unserem Wohl und dem Wohle der Menschheit einsetzen können.

Der bekannte Benediktinermönch Anselm Grün antwortet auf die Frage, was ihm in Zeiten von Corona wichtig ist: „Mir gibt Hoffnung, dass die Welt nicht nur in der Hand des Virus ist oder nicht nur in der Hand der Politiker, sondern in der Hand Gottes. Auch wenn vieles außen herum unsicher ist, habe ich in Gott einen Grund, der nicht zerbröckelt und nicht zerstört werden kann. Das ist für mich die Hoffnung. Und die Hoffnung, dass der Geist Gottes auch durch die Krise an den Menschen wirkt und neue Möglichkeiten, neue Nachdenklichkeiten und neue Sehnsucht in den Menschen entfacht. So ist ein neues Miteinander in Verantwortung möglich. Durch die Krise spüren wir, dass wir einander anstecken können – im negativen und im positiven Sinne. Für mich ist die Hoffnung, dass die Menschen aufwachen und die anderen mit Barmherzigkeit, mit Liebe und mit Zuversicht anstecken."

Es gibt viele Wege, die man gehen kann. Zehn Frauen und zehn Wege stehen beispielhaft für das, was alles möglich ist.

WASSERMANNZEITALTER UND BEWUSSTSEIN

DAS AUTHENTISCHE REIKI

„Wer sich nach Licht sehnt, ist nicht im Dunkeln. Die Sehnsucht selbst ist schon ein kleines Licht. Das Erwachen der Menschheit oder die Transformation des menschlichen Bewusstseins ist kein Luxus Einzelner, sondern eine Notwendigkeit zum Fortbestehen der menschlichen Rasse", sagt Barbara Simonsohn, Deutschlands Expertin Nummer Eins für Authentisches Reiki.

Barbara Simonsohn

Barbara Simonsohn wurde am 29. Januar 1954 im Zeichen Wassermann in Hamburg geboren. Sie machte Abitur, erhielt eine Stelle als wissenschaftliche Mitarbeiterin an der TU Harburg und wurde Mutter von zwei Kindern. An ihrem 25. Geburtstag 1979 bekam sie von ihrer Zwillingsschwester Cornelia ein Buch geschenkt, das ihr Leben von Grund auf ändern sollte: „Der Zauber von Findhorn" von Paul Hawkin. Das Buch fesselte sie so sehr, dass sie ihren kompletten Jahresurlaub nahm und zum ersten Mal zur Findhorn-Gemeinde nach Schottland fuhr, um das „Modell einer Welt von Morgen" kennenzulernen. Das Modell beeindruckte sie, sodass sie auch die kommenden Jahre ihren Urlaub dort verbrachte. Bis sie 1981 von Gary Samer, dem damaligen Leiter des Bereichs „Ganzheitliche Gesundheit", die erste Reiki-Behandlung ihres Lebens erhielt. Von dem Erfolg der

Behandlung und den positiven Begleiterscheinungen für ihr Leben und ihre Gesundheit war sie so begeistert, dass sie sich noch von Schottland aus zu einem Reiki-Seminar in Hamburg anmeldete. „Mein Energielevel, mein Selbstbewusstsein und meine Eigenliebe blühten auf, innerer Frieden und heitere Gelassenheit wurden zu meinen ständigen Begleitern", erzählt sie.1984 fasste Barbara Simonsohn den Entschluss, selbst Reiki-Lehrerin zu werden. Sie suchte und fand in Dr. Barbara Ray eine Lehrerin in der direkten Nachfolge von Hawayo Takata, die in den 70er-Jahren des 20. Jahrhunderts das Authentische Reiki in den Westen brachte. „Das war die beste Entscheidung meines Lebens, nicht eine Minute habe ich sie bereut." Seit fast vier Jahrzehnten arbeitet Barbara Simonsohn als Reiki-Lehrerin. Unzähligen Menschen konnte sie schon helfen, in ihre Mitte zu kommen und ihren Lebensweg zu finden. Und rund 11.600 Menschen konnte sie in dieser Zeit zu Reiki-Lehrern*innen ausbilden.

Das Authentische Reiki, so Barbara Simonsohn, „bietet die einzigartige Möglichkeit, uns in dieser besonderen Zeit auf unserem individuellen Pfad zu unterstützen, zu erkennen, wer wir wirklich sind und damit unseren Platz im kosmischen Geschehen einzunehmen."

Reiki (gesprochen „Reeki") setzt sich aus den japanischen Silben „Rei" (= universell) und „Ki" (= Lebenskraft) zusammen. Eine jahrtausendealte Technik zur Aktivierung universeller Lebenskraft, die in uns allen schlummert. Ob die alten Ägypter oder die Griechen, die Mayas, die Hindus oder die alten Chinesen – sie alle wussten um das Licht in uns und wie wir es entfachen können.

Das Authentische Reiki wurde als natürliche Heilmethode in der zweiten Hälfte des 19. Jahrhunderts von dem buddhistischen Mönch Dr. Mikao Usui in Japan wiederentdeckt. Mit seinen

Reiki-Schulen in Tokio und Nakano vermochte er mit der Kunst des Handauflegens viele seiner Mitbürger von Beschwerden und Krankheiten zu heilen. „Für mich ist es kein Zufall, dass das Authentische Reiki gerade jetzt wiederentdeckt wurde. Geht es doch darum, sich in jedem Augenblick für die Liebe zu entscheiden – zu uns selbst, zum Nächsten und letztlich zu allen Kreaturen auf diesem Planeten und darüber hinaus", sagt Barbara Simonsohn.

Es ist der US-Amerikanerin Hawayo Takata zu verdanken, die Lehre des Authentischen Reiki in den Westen transportiert und Millionen und Abermillionen von Menschen zugänglich gemacht zu haben. Die Ausbildung umfasst sieben Grade und orientiert sich dabei an den sieben Chakren, den sieben Energiezentren im menschlichen Körper. Darunter versteht man Zentren im Körper, die feinstoffliche Energie aufnehmen, umwandeln und unserem Organismus zur Verfügung stellen. Alle Organe und Drüsen können davon gleichermaßen profitieren. Mehr noch. Denn „der Hauptzweck von Reiki ist nicht nur das Heilen von Krankheiten, sondern die Verstärkung vorhandener Talente, das Gleichgewicht des Geistes, die Gesundheit des Körpers und damit das Erlangen von Glück", wie Mikao Usui einst feststellte.

Reiki, so Barbara Simonsohn, wirkt immer ganzheitlich auf Geist, Körper und Seele. Es bringt uns in Kontakt mit den Ursachen von Krankheiten und anderen Problemen, um sie zu transformieren. Die Energie, die über die Hände auf den Körper fließt, gelangt dabei immer genau dorthin, wo sie auch gebraucht wird. „Wenn wir uns in der Vergangenheit vielleicht eine Krankheit oder eine Sucht kreiert haben, können wir uns in Zukunft etwas anderes, Konstruktiveres erschaffen", sagt Barbara Simonsohn. Allerdings ist es auf keinen Fall so, dass man krank sein muss, um eine Reiki-Behandlung zu erhalten oder sich selbst zu behandeln. Im Gegenteil: Wer körperlich und seelisch in Harmonie ist, hat ungleich größere Chancen, ein höheres Bewusstsein zu erlangen und die eigene spirituelle Entwicklung zu beschleunigen. Sogar Menschen, die noch nie eine Reiki-Behandlung erfahren oder ein Reiki-Seminar absolviert haben, können von der universellen Energie profitieren. Indem man mit den Händen den

Herzbereich abdeckt, „gibt man dem Herzen den Impuls: Gib! Das Herzzentrum kann nichts anderes geben, als bedingungslose Liebe." Herzenergie ist Heilenergie – körperlich und seelisch-spirituell.

AUTHENTISCHES REIKI IST CHAKRENARBEIT

Das Authentische Reiki arbeitet vor allem mit den Chakren (Sanskrit = sich drehendes Lichtrad), den Energiezentren. Man unterscheidet sieben Hauptchakren, die sich entlang der Wirbelsäule befinden. Fließt die Energie nicht frei hindurch, kommt es zu Störungen und Blockaden im Energiesystem, die sich körperlich und seelisch bemerkbar machen können. Die Chakren im Einzelnen: Das **Wurzelchakra** oder Basischakra (im Schritt, zwischen den Beinen) steht für Erdung und dafür, ob wir uns verwurzelt und sicher fühlen. Ist in diesem ersten Chakra alles im Lot, dann fühlen wir uns immer zur rechten Zeit am rechten Ort. Das **Sakralchakra** oder Unterleibschakra, (unmittelbar unter dem Bauchnabel) steht als zweites Energiezentrum für Sinnlichkeit und Sexualität sowie für Fortpflanzung und Produktivität. Wer sein Sakralchakra stärkt, stärkt damit auch seine Talente, Ideen und seine Kreativität. Im **Solarplexus** oder Nabelchakra (direkt oberhalb des Bauchnabels), dem dritten Energiezentrum, befindet sich der Sitz unseres Selbstbewusstseins. Wenn hier die Energie fließt, dann können wir uns selbst und auch unsere Mitmenschen wertschätzen. Das **Herzchakra** ist das Zentrum für bedingungslose Liebe. Indem wir dieses Energiefeld stärken, werden wir selbst zu Liebe. Gefühle wie lieben, weinen, lachen, fühlen und mitfühlen werden intensiviert. Das **Kehlkopfchakra** oder Halschakra ist eine Mittlerin zwischen Herz und Hals. Die im Herzchakra entwickelte Liebe fließt im Halschakra in unser Tun ein. Unsere Kommunikation wird liebevoller und authentischer. Das Kehlkopfchakra steht außerdem für Gerechtigkeit und Wahrheitsliebe. Bei einer Aktivierung des **Stirnchakras** oder Dritten Auges (in der Mitte zwischen den

Augenbrauen), als sechstes Energiezentrum können wir unsere Intuition und verfeinerte Wahrnehmung stärken. Wir erkennen, wer wir sind und welcher Weg für uns der richtige ist. Das **Scheitelchakra** oder Kronenchakra (in der Mitte des Scheitels) öffnet uns den Weg zu geistiger Energie und kosmischen Bewusstsein. Wir wachsen dann sozusagen über uns selbst hinaus, indem wir unsere Fähigkeiten und Talente unseren Nächsten zur Verfügung stellen.

Um es noch einmal zusammenzufassen: Entsprechend der sieben Chakren lehrt das Authentische Reiki sieben Reiki-Grade. Jeder Grad für sich ist wichtig, doch der I. Grad ist der wichtigste, weil wir uns damit für alle Zeit an die universelle Energie anschließen, so Barbara Simonsohn. Wann immer wir unsere Hände bei uns selbst, anderen Menschen, Tieren oder Pflanzen auflegen, aktivieren wir kosmische Energie. Wir kommen in Kontakt mit unseren wirklichen Bedürfnissen. Blockaden und energetische Störungen werden auf allen Ebenen, also sowohl körperlich, geistig als auch seelisch, aufgelöst. Ab dem I. Reiki-Grad aktivieren wir eine Energie, die als bedingungslose Liebe, kosmische Energie oder Lichtenergie bezeichnet werden kann.

Im Mittelpunkt eines Reiki-Seminars steht der Einstimmungsprozess. Dabei verwendet der Reiki-Lehrer bestimmte kosmische Symbole in einer bestimmten überlieferten Reihenfolge. Beim II. Grad werden dem Reiki-Schüler zum Beispiel drei Symbole vermittelt, mit deren Hilfe das Energiezentrum harmonisiert und aktiviert werden kann. Der Schweizer Psychiater und Begründer der analytischen Psychologie, Carl Gustav Jung, bezeichnete kosmische Symbole als „das Wertvollste, was uns Menschen zur Verfügung steht, und die Grundlage des Menschseins". Auf kosmischen Symbolen – insgesamt sieben – basiert das System des Authentischen Reiki. Mithilfe von kosmischen Symbolen half und heilte Carl Gustav Jung Tausende psychisch bzw. psychosomatisch Erkrankte. Das Wort Symbol (griech. „Symbolon" = zusammengeworfen werden) war in früheren Zeiten ein Erkennungszeichen.

Als man im alten Griechenland noch kein Geldsystem kannte – das wurde erst 450 Jahre vor Christi eingeführt –, half man sich bei Verträgen anders aus. Vielleicht ging es um einen Sack Oliven gegen eine Amphore guten Weins. Die Oliven hingen noch grün am Baum und der Wein war erst im Most-Stadium. Die Vertragspartner haben das Ergebnis des Handels mit einem scharfen Gegenstand in einen Stock gekerbt, den Stock in der Mitte gespalten und wenn sie sich wiedergetroffen haben, zusammengefügt zu einem Ganzen. Später wurde „Symbolon" zu einem Erkennungszeichen. Wenn sich im alten Griechenland zwei Freunde trennten, zerbrachen sie eine Münze oder ein Tontäfelchen. Wenn sie sich wiederbegegneten, haben sie die beiden fehlenden Teile zusammengefügt und sie bildeten wieder eine Einheit, eine Ganzheit.

Kosmische Symbole, so C. G. Jung, „heilen unsere entfremdete Beziehung zum Leben, machen uns wieder heil und ganz". Mit ihnen gewinnen wir intuitiv Zugang zu unserer archetypischen Seele oder dem kollektiven Unbewusstsein. Wir erkennen, woher wir kommen, welche Vorerfahrungen wir schon gemacht haben und damit auch die Aufgaben, die wir uns für diese Inkarnation vorgenommen haben. Wer diesen Zugang nicht hat, tappt im Dunkeln, was den Sinn seines Lebens betrifft. C. G. Jung sprach vorausahnend von „materiellem Wohlstand bei gleichzeitig immateriellem Elend". Er hat dies auch benannt: Psychische Probleme würden massiv zunehmen und der Konsum von Drogen jeder Art. Leider hat er mit dieser Prognose recht behalten. Corona verschärft das Ganze noch, wirkt als Brandbeschleuniger und Brennglas. Wie wichtig ist es grundsätzlich und gerade in dieser besonderen Zeit, sich mithilfe kosmischer Symbole rückzuverbinden mit unserer archetypischen Seele und zu erkennen, welchen Seelenplan wir in dieser Inkarnation verfolgen. Erfüllen wir diesen, leisten wir einen wertvollen Beitrag fürs Ganze, leben unsere Talente und erleben damit dauerhafte Erfüllung und Zufriedenheit.

Doch zurück zu den Reiki-Graden: Ab dem I. Grad ist man in der Lage, jederzeit, bei sich und anderen, universelle Lebensenergie zu aktivieren. Das Besondere dabei: Eine einmal hergestellte Verbindung durch eine Einstimmung geht nie wieder verloren und bleibt ein Leben lang erhalten. Jeder, der an einem I.-Grad-Seminar teilgenommen hat, wird „seine Kapazität, universale Lichtenergie auszustrahlen, dauerhaft und wesentlich erweitern und seine Ausstrahlung um ungefähr das Doppelte steigern und verbessern", sagt Barbara Simonsohn. Und weiter: „Mit der Einstimmung jedes weiteren Grades findet wieder eine dauerhafte Kapazitätenerweiterung statt, im II. Grad eine Verdoppelung der Kapazität, im III. Grad eine Vervierfachung usw."

Universelle Energie ist immer vorhanden und eines Tages, da ist sich Barbara Simonsohn sicher, werden viele Menschen mit Hilfe dieser Energie andere Menschen daran erinnern können, wer sie wirklich sind. Denn die eigentliche Aufgabe unseres Daseins auf Erden besteht darin, Licht ins Dunkel zu bringen. „In meinen Augen gibt es keine Zufälle. Gerade in dieser besonderen Zeit, in der es um einen Bewusstseinswandel weltweit geht, verbreitet sich diese uralte Technik zur Aktivierung universeller Energie auf diesem Planeten. Wir können dankbar für die Möglichkeit sein, die uns das Authentische Reiki bietet, unsere Entwicklung quasi über Nacht zu beschleunigen und einen Quantensprung im Bewusstsein innerhalb kürzester Zeit zu vollziehen."

ÜBUNGEN UND MEDITATIONEN VON BARBARA SIMONSOHN

Da die wenigsten Menschen 24 Stunden am Tag glücklich, liebevoll und friedfertig sind und sich im Alltag auch hässliche Gefühle wie Wut, Groll, Neid und Eifersucht melden, hat Barbara Simonsohn ein paar Übungen und Meditationen entwickelt, mit deren Hilfe es schnell gelingt, wieder in einen harmonischen Seelenzustand zu gelangen.

ÜBUNG ZUR AKTIVIERUNG VON LIEBE

1. Wenn Sie merken, dass negative Gefühle auftauchen, wie Wut, Frust oder Neid, dann legen Sie Ihre Hände auf Ihr Herzchakra – so lange, bis sich etwas ändert. Sie werden merken, dass sich die Gefühle verwandeln. So können aus Groll und Feindseligkeit Zuneigung und sogar Liebe entstehen. Das Potenzial, zum ursprünglichen Gefühl zurückzukehren, ist immer da. Sie können sich fragen: „Warum bringt mich diese Person derart auf die Palme?" – und sie werden sicherlich eine Antwort finden, weil Sie Ihrem höheren Selbst gegenüber signalisieren, dass Sie lernbereit sind.

2. Setzen Sie sich aufrecht und bequem hin und schließen Sie Ihre Augen. Beobachten Sie eine Weile Ihren Atem, ohne ihn zu verändern. Jetzt konzentrieren Sie sich auf den höchsten Punkt auf Ihrem Kopf. Stellen Sie sich vor, dass es dort eine Öffnung gibt, durch die weißes Licht in Sie hinein- und die ganze Wirbelsäule hinunterfließt. Ihre Wirbelsäule ist jetzt ganz erfüllt von weißem Licht. Auf der Höhe Ihres Herzens lassen Sie dieses Licht kugelförmig wie eine Sonne ausstrahlen – in alle Richtungen. Ihr Herzchakra ist ein Transformator, der Licht in Liebe umwandelt. Geben Sie Ihrem Herzen den Impuls: Gib!, und es wird noch mehr Liebe verströmen. Genießen Sie dieses Strömen und machen Sie sich klar, dass Sie in Ihrer Essenz Liebe sind.

ÜBUNG ZUR AKTIVIERUNG VON MITGEFÜHL

Überlegen Sie sich, welche Menschen und Tiere Ihnen besonders am Herzen liegen und engagieren Sie sich für sie. Indem Sie sich zum Beispiel einer Initiative anschließen oder sie finanziell unterstützen. Indem Sie das tun, nehmen Sie an, dass Sie ein Kind Gottes sind und werden zu einem Werkzeug der Schöpfung. Ehrenamtliches Engagement oder ein Beruf, der anderen hilft, kann dazu beitragen, den Himmel auf die Erde zu bringen. Das ist vielleicht unser aller Mission.

ÜBUNG ZUR AKTIVIERUNG VON BEDINGUNGSLOSER FREUDE

1. Lächeln
   Lächeln Sie! Wenn Sie morgens aufwachen, ziehen Sie einfach Ihre Mundwinkel nach oben, auch wenn Ihnen gar nicht nach Lächeln zumute ist. Wer lächelt, kann keine trübsinnigen Gedanken mehr haben. Außerdem stärken wir mit dieser Praxis unsere Thymusdrüse und unser Immunsystem.

2. Sich selbst feiern
   „Happy Birthday" muss man nicht nur einmal im Jahr singen. Wir sind jeden Tag, jeden Augenblick mit all unseren Möglichkeiten neu geboren. Singen Sie dreimal hintereinander laut und inbrünstig: „Happy birthday, liebe/r … (Ihr Name)." Unser Name ist eins der stärksten Mantren, das uns in Kontakt mit der kosmischen Energie bringt. Indem wir uns selbst beglückwünschen, erinnern wir uns daran, dass wir uns in dieser besonderen Zeit inkarnieren wollten, was die Familie und das Land einschließt, in der wir leben.

FRAGEN AN BARBARA SIMONSOHN

Liebe Barbara Simonsohn, du lehrst Authentisches Reiki. Gibt es denn auch ein „unauthentisches" Reiki. Und wenn ja, worauf sollte man achten, wenn man eine Reiki-Schulung machen möchte?

Ich habe diesen etwas provokanten Begriff gewählt, um darauf hinzuweisen, dass es – wie bei allem – auch bei Reiki Qualitätsunterschiede gibt. Da es sich um einen alten Einweihungsweg handelt, ist es optimal, wenn die „lineage" oder Linie zum Ursprung möglichst kurz ist. Dr. Mikao Usui war der Wiederentdecker, der einen Nachfolger Dr. Hayashi hatte, der eine Nachfolgerin Hawayo Takata hatte, die das Wissen in den Westen brachte. Sie hat im Laufe ihres Lebens 22 Reikilehrer ausgebildet, davon nicht alle in allen sieben Graden dieses siebenstufigen Systems. Als mir 1984 klar war, dass ich gern Reiki-Lehrerin werden würde, habe ich mich dazu entschlossen, keine Kosten und Mühen zu scheuen, um von einer dieser 22 Lehrer eingeweiht und ausgebildet zu werden. Ich entschied mich für Dr. Barbara Ray, weil sie alle sieben Grade vermittelt, einen akademischen Hintergrund hat und mehrere Bücher zu diesem Thema veröffentlicht hat. Es ist nicht so wichtig, ob ich in einem drei- oder siebenstufigen Reiki-System ausgebildet wurde. Die meisten Menschen interessieren sich ohnehin nur für die ersten drei Reiki-Grade oder Stufen. Viel wichtiger ist es, dass ich die Garantie habe, ausschließlich mit universeller Energie zu arbeiten. Nur diese höchste Schwingung im Universum ist immer harmlos, immer unterstützend, es gibt keine Nebenwirkungen und ich bringe mich selbst oder den, den ich behandle, in Kontakt mit seinen wirklichen Bedürfnissen. Damit bin ich bei Behandlungen anderer geschützt vor der Aufnahme von negativen Schwingungen und kann mich nicht verausgaben. Jede Behandlung ist ein Win-Win-Game. Spielt persönliche Energie statt überpersönlicher, universeller Energie eine Rolle, habe ich diese Garantie nicht. Deshalb geht es bei der Wahl eines Reikilehrers nicht nur darum, dass dieser mir sympathisch ist, sondern auch, dass er kompetent ist, was die Einstimmungen betrifft.

Ihre erste Erfahrung mit Reiki machten Sie 1981. Danach haben Sie Ihr Leben komplett geändert. Warum, was ist passiert?

Durch Reiki bekam ich viel mehr Selbstbewusstsein. So machte ich den Schritt, meine sichere Assistentenstelle an der TU Harburg zu kündigen, um als Reikilehrerin zu arbeiten. Meine Professorin war geschockt. Es funktionierte von Anfang an. Als ich mit Mitte dreißig schwanger wurde und der Vater mit dem Kind nichts zu tun haben wollte und nach Süddeutschland zu seiner Familie zog, um nicht enterbt zu werden, war ich voller Urvertrauen. Ich wusste tief in mir, dass der liebe Gott mich nicht im Stich lassen würde. Und so geschah es. Ich lernte dann im vierten Monat der Schwangerschaft einen wesentlich jüngeren Mann kennen. Wir verliebten uns, zogen zusammen und die ersten anderthalb Jahre hatte

mein Sohn eine vollständige Familie und ich konnte weiter Reikisemi-
nare geben. Weil ich täglich mit Reiki-Energie arbeite und damit mei-
ne Schwingung hochhalte, hat sich mein Leben immer gefügt und wun-
derbar entfaltet.

Welche Erfahrung (körperlich und seelisch) machen Menschen, die eine Einstimmung in Reiki erhalten haben? Was ändert sich für sie?

Die Erfahrungen, die Menschen durch die Einstimmungen in die ver-
schiedenen Reiki-Grade machen, können sehr unterschiedlich sein. Ner-
vöse Menschen werden ruhiger, phlegmatische Menschen nehmen ihr Le-
ben in die Hand. Alle werden selbstbewusster, kreativer und produktiver.
Über kurz oder lang erkennen sie, welche Aufgaben sie sich in diesem
Leben ausgesucht haben und erleben dadurch Erfüllung. Viele werden
ihre Krankheiten los und öffnen sich für ihre spirituelle Natur und ihren
spirituellen Weg. Manche machen sich beruflich selbstständig, machen ihr
Hobby zum Beruf. Da Menschen durch das Authentische Reiki mehr in
Kontakt kommen mit ihren wirklichen Bedürfnissen, tendieren sie auch
zu einer insgesamt gesünderen Lebensweise. Sie ernähren sich mehr mit
frisch zubereiteten Mahlzeiten, lernen Bio-Kost zu schätzen und fangen
an, sich mehr und regelmäßig zu bewegen. Ihre tägliche Reikibehand-
lung wird ihnen als Stressprophylaxe, Stresstherapie und Tiefenentspan-
nung wichtig. Sie brauchen weniger Schlaf und sind in der Zeit, in der
sie nicht schlafen, agiler und produktiver.

Kosmische Heilenergie oder universelle Energie ist ja ein sehr abstrakter Begriff – wie kann man das am besten erklären?

Universelle Energie ist die höchste Schwingung im Universum. Das Uni-
versum oder der Kosmos ist voll von dieser Energie. Mit dem Authenti-
schen Reiki schließen wir uns mit diesem unendlichen Reservoir universeller
Energie kurz. Wir haben niemals mehr einen Mangel an Lebensenergie.
Und können mit dieser höchsten – und gleichzeitig kraftvollsten – Ener-
gie alle negativen Schwingungen transformieren und Blockaden auflösen,
bei uns und anderen. Universelle Energie ist in ihrer Quintessenz be-
dingungslose oder universelle Liebe. Davon braucht jeder, und auch die

Menschheit und unser Planet, so viel es geht. Durch diese bedingungslose Energie sind wir von der Schöpfungskraft ins Leben gerufen worden. In unserer Essenz ist jeder Mensch diese Liebe, trägt jeder diesen göttlichen Funken in sich. „Gott ist uns näher als unsere Hand", nämlich in unserem Herzchakra, sagte einst Meister Eckart. Mit dem Authentischen Reiki wird dieser Funke dauerhaft entfacht.

Gibt es Regeln, die man beim Praktizieren von Reiki beachten sollte, z. B. sich vorher die Hände waschen oder ein Gebet sprechen?

Es gibt keine Regeln. Wenn wir einmal richtig und kompetent eingestimmt sind, haben wir die Garantie, ausschließlich mit universeller Energie zu arbeiten. Diese ist immer harmlos und unterstützend für uns und andere. Daher brauchen wir kein Gebet zu sprechen, keinen Engel der Heilung anrufen und auch keine Aura ausstreichen. Wir arbeiten bei der Reikibehandlung die ganze Zeit harmonisierend an der Aura, am feinstofflichen Energiekörper. Da wir mit der höchsten und kraftvollsten Schwingung im Universum arbeiten, brauchen wir auch kein Reinigungsritual nach der Behandlung. Wir brauchen keine Schwingungen abwaschen, weil wir keine aufnehmen können. Während einer Operation eines lieben Menschen zum Beispiel können wir mit Fernbehandlungen unterstützend wirken. Auch ein Herzschrittmacher bleibt durch universelle Energie nicht stehen. Es gibt also wirklich keinerlei Einschränkungen oder Regeln. Außer vielleicht: Es gibt nichts Gutes, außer ich tue es, frei nach Erich Kästner!

Was heißt denn eigentlich Bewusstseinswerdung?

„Mensch, erkenne dich selbst", heißt es im Apollon-Tempel. Die meisten Menschen haben keine Ahnung, wer sie wirklich sind, sondern identifizieren sich mit ihren äußeren, vergänglichen Ebenen: Körper, Gedanken und Gefühlen. Wir sind so viel mehr. Die Bewusstseinsentfaltung durch das Authentische Reiki ist profund. Wir entdecken und leben mehr und mehr unser Potenzial. Wir erkennen das Licht in uns und in unseren Mitmenschen. Wir werden uns unseres Wertes immer mehr bewusst: als Kinder Gottes und spirituelle Sterbehelfer des Alten und spirituelle Geburtshelfer des Neuen. Je mehr wir unser Bewusstsein entwickeln, desto

mehr werden wir ein Fels in der Brandung für andere oder ein Leucht-
turm, der anderen Licht und Orientierung schenkt. Es kommt nicht darauf an, wie und woher der Wind weht, sondern darauf, wie du die Se-
gel setzt. Seelische Widerstandsfähigkeit oder Resilienz, das ist es, was
wir auch und gerade in bewegten Zeiten wie diesen entwickeln.

Warum ist Reiki gerade für unsere Zeit so wichtig?
*Wir leben in der Zeit der Transformation. Das war schon vor Corona so.
Wer den Veränderungen, die wir uns als Menschheit kreieren, Widerstand entgegensetzt, bezahlt dies mit Leiden. Unsere Aufgabe in dieser
anspruchsvollen Zeit ist es, unsere Schwingung hochzuhalten und damit
die Schwingung auf dem Planeten zu erhöhen. Erst dann werden sich
die dunklen Wolken von Gedanken, Gefühle und Taten, die sich zurzeit um die Erde gebildet haben, nicht mehr abregnen in Form von Na-
turkatastrophen, Pandemien oder kriegerischen Auseinandersetzungen.
Eckart Tolle sagt, es sei das erste Mal in der Geschichte nicht mehr ein
Luxus Einzelner, Erleuchtung zu erlangen und zu erwachen, sondern
eine Notwendigkeit zum Fortbestehen der Menschheit. Jeder Einzelne
von uns, also auch Sie, liebe Leserin oder lieber Leser, kann das Züng-
lein sein, das im positiven Sinn das Fass zum Überlaufen bringt, also
einen weltweiten Bewusstseinswandel verursacht. Die Ursache all unserer
Probleme liegt in der Illusion der Trennung und daher liegt die Lösung all
unserer Probleme im fortgesetzten Bewusstsein der Einheit allen Seins.*

**In Ihren Büchern sprechen Sie davon, dass man bei Men-
schen von Erleuchtung spricht, bei denen alle sieben Chakren aktiv geworden und zu einer einzigen Lichtsäule verschmolzen sind. Demzufolge müssen Sie auf jeden Fall
auch erleuchtet sein. Was versteht man darunter und wie
sieht diese Erleuchtung aus?**
*Erleuchtung heißt für mich, sich JEDEN Augenblick für die Liebe zu
entscheiden. Hand in Hand geht damit, dass unsere Chakren zu einer
Lichtsäule miteinander verschmolzen sind. Da ich mich (noch) nicht jeden
Augenblick für die Liebe entscheide, mir selbst oder anderen gegenüber,
bin ich mit Sicherheit noch nicht erleuchtet! Der Dalai Lama sagt, es sei
sehr wichtig, dass jeder das Ziel hat, in dieser Inkarnation zu erwachen*

oder Erleuchtung zu erlangen. Wenn wir nicht erleuchtet sind, kreisen wir nämlich mehr oder weniger um unsere eigenen Themen und sind nicht wirklich offen für die Bedürfnisse anderer. Dieses Ziel zu haben, heißt nicht, dass wir es in diesem Leben erreichen, aber die Wahrscheinlichkeit dafür ist wesentlich erhöht. Für diese Entscheidung brauchen Sie keine Kalachakra-Initiation mit dem Dalai Lama. Authentisches Reiki und Meditation – Reiki ist eine ganz einfache Meditationsart – helfen Ihnen dann dabei, diesem Ziel näher zu kommen. Für mich ist Authentisches Reiki ein Weg zur Erleuchtung, mit Heilung als Begleiteffekt. Oder anders ausgedrückt: Wir avancieren vom Mangel- ins Fülle-Bewusstsein. Reiki ist dabei die einfachste und wirksamste Methode, die ich je kennengelernt habe.

WASSERMANNZEITALTER UND SONNEN-YOGA

„Das Publikum beklatscht ein Feuerwerk, aber keinen Sonnenaufgang."

Christian Friedrich Hebbel

Der deutsche Dramatiker und Lyriker des 19. Jahrhunderts wäre sicher hoch erfreut zu hören, dass sich in dieser Beziehung heute einiges geändert hat. So hat es zur Jahreswende 2020/21 und auch 2021/22 – Corona bedingt – kein Neujahrs-Feuerwerk mehr auf der Welt gegeben. Doch was noch wichtiger ist: Wir leben in einer Zeit des verstärkten Licht- und Sonneneinfalls auf die Erde. Immer mehr Menschen erfahren, wie wichtig die Kraft der Sonne für ihr körperliches und seelisches Wohlbefinden ist. „Die Welt befindet sich in einem großen Transformationsprozess, in dem die Sonne eine entscheidende Rolle spielen wird", sagt Sonnen-Yoga-Expertin Marianne Scherer.

Für die Autorin von „Sonnen Yoga – Die Kraft des Lichts neu entdecken" ist die Sonne mehr als nur ein Planet am Himmel, der scheinbar ruhig seine Strahlen verteilt. Die Sonne, so Marianne Scherer, „ist lebendig, eine Wesenheit sozusagen, mit der man in Kommunikation treten kann und die einen direkten Einfluss auf unser Denken und Fühlen hat". Mit dieser Meinung knüpft die Yoga-Expertin an die uralte Kultur der indischen Sonnentradition an. Hira Ratan Manek, einer der bekanntesten Sonnen-Yogis unserer Zeit, bekräftigt: „Die Sonne ist eine unerschöpfliche Quelle mit unbegrenzter Kapazität und tiefer Weisheit. Alle Probleme auf unserem Planeten können gelöst werden, wenn wir lernen, die Kraft der Sonne zu entdecken und auf allen Ebenen anzuwenden."

DIE ZEIT FÜR SONNEN-YOGA IST JETZT

Marianne Vidya Scherer, von ihren Freunden auch liebevoll „die Sonnen-Yogini" genannt, ist diplomierte Yogalehrerin, mit dem Schwerpunkt Sonnen-Yoga. Sie sagt: „Wie man die Energie der Sonne am besten für sein inneres und äußeres Wohlbefinden nutzen kann sowie auch für die geistige Entwicklung, offenbart dieser Yoga. Wenn man ihn praktiziert, werden die Zellen gereinigt, der ganze Körper wird aufgelichtet und das Gehirn wird durch die zur richtigen Zeit und auf die richtige Weise aufgenommenen Sonnenstrahlen neu programmiert. Das hat nicht nur eine verjüngende Wirkung, weil durch das Sonnen-Prana (das ist die feinstoffliche, nicht sichtbare Sonnenenergie) der Alterungsprozess verlangsamt wird, sondern auch eine enorme geistige Kraft."

Marianne Scherer

Marianne Scherer wurde am 21. November 1952 im Zeichen Skorpion in Bad Mergentheim geboren. Sie studierte Literaturwissenschaft und Philosophie in München und arbeitete anschließend einige Jahre als Lektorin und Redakteurin für verschiedene Verlage in München – vorwiegend in den Bereichen Esoterik und Spiritualität. Mit Yoga und Indien kam sie schon in jungen Jahren in Berührung. Ausschlaggebend für ihr Interesse an der indischen Yogaphilosophie war das Buch „Autobiographie eines Yogi" von Paramahansa Yoganda, das ihr bisheriges Weltbild auf den Kopf stellte. Neben ihrer Leidenschaft für die westliche Astrologie und einer zweijährigen Ausbildung zur psychologischen Astrologin beschäftigte sich Marianne Scherer auch mit der vedischen

Astrologie. Renommierte Persönlichkeiten wie der vedische Astrologe Stephen Quong wurden ihr Lehrmeister. Später kam noch eine Ausbildung zur Heilerin/Therapeutin in der Heiltradition des Kundalini-Yoga dazu. Ihre diplomierte Yoga-Lehrerinnen-Ausbildung in der Sivananda-Tradition absolvierte sie im Jahr 2000 im Sivananda-Ashram auf den Bahamas. Es folgten weitere Indienaufenthalte, um die Yoga- und Meditationspraxis in verschiedenen Traditionen zu vertiefen. Mittlerweile ist der Sonnen-Yoga (Surya-Yoga) ihr Schwerpunkt. In Seminaren und Workshops gibt Marianne Scherer heute ihr umfangreiches Wissen weiter.

Im Sonnen-Yoga geht es vor allem darum, das Licht optimal für Körper, Geist und Seele zu nutzen. Dafür gibt es bestimmte Techniken, mit deren Hilfe man die Zellen reinigen und den gesamten Körper verjüngen kann. Durch spezielle Körperübungen, Meditationen und das Chanten von Mantras lassen sich neue, positive Programme in uns installieren, die das Leben gesünder, reicher und schöner machen. Eine wichtige Rolle beim Yoga spielen auch Finger-Gesten, die so genannten Mudras, die eine vielfältige Wirkung auf das geistige und körperliche Wohlbefinden haben. „Durch die Asanas, also die Körperstellungen, werden die heilenden Kräfte der Sonne im Körper aktiviert. Die Atemübungen in Verbindung mit der Sonne bewirken eine Heilung auf emotionaler und energetischer Ebene. Dies geschieht durch die vermehrte Aufnahme von Prana, der feinstofflichen Lebensenergie. Durch die Meditation schließlich erfährt man tiefen inneren Frieden", erklärt Marianne Scherer.

Sonnen-Yoga kann sowohl zur Selbstheilung auf physischer und psychischer Ebene als auch zum spirituellen Wachstum eingesetzt werden. Die Wirkung, die man dabei erfährt, hängt von der jeweiligen Ausrichtung ab. Das regelmäßige Praktizieren steigert die Vitalität, die Gesundheit, die Zufriedenheit und das Glück.

GLOBALISIERUNG UND SONNEN-YOGA

Wir leben in einer Zeit großer Veränderungen, die sich u. a. in der Globalisierung und Digitalisierung ausdrückt und daher einen Übergang in ein neues Bewusstsein erfordert. Der Sonnen-Yoga ist wie geschaffen dafür, um diesen Übergang in die neue Zeit gut zu meistern. Denn im Sonnen-Yoga verkörpert die Sonne alles, was die Menschheit braucht, um auf diesem Planeten existieren zu können. Auf der physischen Ebene spendet sie uns Licht, Wärme und Gesundheit, auf der spirituellen Ebene geht es um göttliches Licht und kosmische Liebe. Sonnen-Yoga, so Marianne Scherer, „ist der Yoga der Zukunft, der Wegbereiter in eine neue Kultur, weil er die Einheit der Menschen zum Ziel hat und damit perfekt in unsere Welt der Globalisierung passt".

Die Herausforderung des beginnenden Wassermannzeitalters, in dem sich die Menschheit gerade befindet, besteht vor allem darin, sich auf eine neue Bewusstseinsstufe – manche sprechen auch von einer höheren Dimension – zu begeben. Und wie macht man das? Im Sonnen-Yoga nutzt man dazu die Kraft des Lichts, um die brachliegenden Fähigkeiten des Gehirns zu aktivieren und sozusagen auf eine höhere Oktave einzuschwingen.

„Betrachtet die strahlende Sonne in der morgendlichen Unberührtheit, schickt ihr eure Gedanken, vereint euch mit ihr, und ihr werdet spüren, wie ihre Strahlen allmählich die Schwingungen eures Wesens erhöhen. Alle Elemente in euch werden frohlocken, und ihr werdet in höhere Bereiche emporgehoben, in denen ihr das Licht und den Frieden kostet", sagt Omraam Mikhaël Aïvanhov (1900–1986). Diesem außergewöhnlichen, aus Bulgarien stammenden spirituellen Lehrer ist es zu verdanken, dass der Sonnen-Yoga überhaupt im Westen bekannt wurde.

DIE SONNE IM LICHT DER WISSENSCHAFT

Viele Wissenschaftler auf der ganzen Welt beobachten seit geraumer Zeit eine verstärkte Sonnenaktivität auf unserem Planeten. Der international bekannte deutsche Biophysiker und Sonnenforscher Dieter Broers etwa beschäftigt sich seit rund vier Jahrzehnten mit elektromagnetischen Schwingungen und der damit verbundenen Aktivität der Sonne. Für ihn steht fest, dass die Sonne eine „lebendige Intelligenz" ist, die ihre geistigen Eigenschaften durch ihre Strahlen und magnetischen Felder zum Einsatz bringt. Er und mit ihm viele andere Forscher kommen zu dem Schluss, dass die zunehmende Sonnenaktivität Einfluss auf die Stimmung und das Bewusstsein der Menschheit hat und zu einem allgemeinen Erwachen führt. Im Januar 2021 ließ Dieter Broers verlauten:

„Der Prozess des Erwachens setzt sich immer schneller fort. Erwachen bedeutet das klare Erkennen unserer Göttlichkeit – mit all ihren Aspekten und der Erweiterung unserer Potenziale. Infolge dieser Erkenntnis steigern wir unser inneres Licht. Dieses innere Licht entspricht unsichtbaren Elementarteilchen, die quasi die Stoffe sind, aus denen sich unsere Gedankenbilder manifestieren. Je mehr dieses besondere Licht strahlt – bzw. je mehr von ihm produziert wird –, umso schneller, deutlicher und nachhaltiger manifestieren sich die entsprechenden Gedankenbilder. Erwiesenermaßen wirken zurzeit immer mehr von diesen Elementarteilchen auf uns ein, was zu einer Erhöhung der Manifestationen unserer Gedankenbilder führt. Zusätzlich bewirken bestimmte elektromagnetische Strahlen aus dem Universum eine immer stärkere Bewusstseinserweiterung. Diese Erweiterung unserer bisherigen Wahrnehmung bewirkt eine fundierte Selbsterkenntnis – also die Erinnerung an unseren Wesenskern, an unser göttliches Selbst. So entspricht das, was wir als Erleuchtung bezeichnen dem Zustand einer fundierten Selbsterkenntnis, die zu einer Selbstheilung führt."

In der Brahma-Muhurta, der göttlichen Stunde vor Sonnenaufgang, meditieren Yogis rund um die Welt, denn dies ist die beste Zeit, um die kosmischen Schwingungen und die Kraft der Sonnenstrahlen aufzunehmen und davon zu profitieren. In dieser Zeit enthält das Sonnenlicht das reinste Prana, die universelle Lebenskraft, die man mit dem Auge zwar nicht sehen kann, durch die aber sämtliches Leben auf der Welt überhaupt erst existiert. „Wer in dieser Zeit meditiert, tut sich viel Gutes, nicht nur für die Gesundheit, sondern auch für die Seele", sagt Marianne Scherer. Ihre Lichtmeditation bei Sonnenaufgang kann jeder leicht für sich praktizieren und nutzen.

LICHTMEDITATION – SO GEHT'S:

Setzen Sie sich im Lotussitz in Richtung Osten. Die Hände liegen im Sonnen-Mudra (Ringfinger und Daumen berühren sich) auf den Knien. Praktizieren Sie einige Runden Tiefenatmung. Atmen Sie auf vier ein, halten Sie den Atem auf vier an und atmen Sie auf vier langsam aus.

Spüren Sie in sich hinein: Wie fühlen Sie sich? Woran denken Sie? Was beschäftigt Sie gerade am meisten? Lassen Sie mit dem Ausatmen alle belastenden Gedanken los.

Schließen Sie die Augen, konzentrieren Sie sich auf Ihr Herzzentrum und atmen Sie die funkelnden Sonnenstrahlen tief in Ihr Herzzentrum ein. Spüren Sie Ihr Herz als pulsierendes Zentrum der Sonne und verbinden Sie sich mit ihr.

Visualisieren Sie nun die Sonne als leuchtende Energie in Ihrem Herzen. Spüren Sie die Wärme und das Licht. Heben Sie die Arme in Richtung Sonne hoch über den Kopf und atmen Sie tief und bewusst ein und aus.

Stellen Sie sich beim Ausatmen vor, dass die Sonnenstrahlen Ihren ganzen Körper durchfluten. Spüren Sie die Leichtigkeit und Freude, die dadurch in Ihnen entsteht.

DIE BEDEUTUNG DES ATEMS IM YOGA

Prana – so nennen die Inder die universelle Lebensenergie. Prana, das ist der Atem, das ist das Leben, der göttliche Odem. Prana befindet sich nicht nur in den vier Elementen Erde, Wasser, Luft und Feuer, sondern auch in der Sonne. Alles, was lebt, ist davon durchdrungen. Durch Pranayama, die yogische Methode der Atemkontrolle, kann man das Prana lenken. Ist der Atem ruhig, dann ist es auch der Geist.

SAVITRI-PRANAYAMA

Savitri-Pranayama ist die bewusste Atmung zur göttlichen Stunde – der Morgendämmerung. Es ist die Zeit, in der wir langsam wieder ins Wachbewusstsein gleiten und in der das Licht die höchste kosmische Kraft hat. Wer diese spezielle Form der Atmung in der Morgendämmerung praktiziert, der kann sich einer besonders ausgleichenden und heilenden Wirkung gewiss sein. Und so wird's gemacht:

- Setzen Sie sich in den Lotussitz oder nehmen Sie eine andere bequeme Haltung ein.
- Atmen Sie einige Male tief ein und aus. Atmen Sie dann auf sechs ein, halten Sie den Atem auf drei. Atmen Sie auf sechs aus und halten Sie den Atem auf drei.
- Chanten Sie beim Ausatmen drei Mal das Sonnen-Mantra Hraha (gesprochen Hraa). Konzentrieren Sie sich dabei auf das Stirn-Chakra, das sich zwischen den Augenbrauen befindet, und visualisieren Sie eine strahlende Sonne.
- Mit etwas Übung können Sie den Zyklus auf 8-4-8-4 und später auf 12-6-12-6 erhöhen. Wiederholen Sie jeden Atemzyklus sieben Mal.

Wirkung: Die Savitri-Atmung ist Balsam für die Nerven, erhöht die Konzentration und sorgt für einen klaren Geist.

SURYA BHEDANA – DIE SONNEN-ATMUNG

Ein wichtiger Bestandteil im Sonnen-Yoga ist die Sonnen-Atmung. Hierbei ist es wichtig zu wissen, dass das rechte Nasenloch der Sonne zugeordnet ist und daher die Einatmung stets durch dieses Nasenloch erfolgt. Auf diese Weise kann der Körper am besten mit solarer Energie versorgt werden. Auch die Nerven und die Willenskraft werden gestärkt. Bestimmte Vorhaben lassen sich dann besser in die Tat umsetzen.

Marianne Scherer empfiehlt folgende Atemübung:

- Setzen Sie sich im Lotussitz oder einer anderen bequemen Haltung mit aufrechter Wirbelsäule auf eine feste Unterlage. Die Hände liegen auf den Knien. Die Augen sind geschlossen oder auf die Nasenwurzel gerichtet.
- Verschließen Sie das linke Nasenloch mit dem Ringfinger der rechten Hand. Atmen Sie tief durch das rechte Nasenloch ein.
- Schließen Sie nun mit dem Daumen das rechte Nasenloch. Halten Sie den Atem so lange an, wie es Ihnen möglich ist.
- Atmen Sie dann durch das linke Nasenloch aus und wiederholen Sie die Atmung fünf Minuten lang.

DIE BEDEUTUNG DES SUNGAZING

Von zentraler Bedeutung im Sonnen-Yoga ist das sogenannte Sungazing, bei dem man zu bestimmten Zeiten direkt in die Sonne schauen kann. Als Kinder haben wir gelernt, dass man das nicht machen soll, da man dadurch erblinden kann. Das stimmt auch, aber eben nicht immer. So gibt es ein Zeitfenster, während dem man gefahrlos in die Sonne blicken kann, nämlich bis zu 45 Minuten nach Sonnenaufgang und rund 60 Minuten vor Sonnenuntergang.

Der Inder, spirituelle Lehrer und Sonnen-Yogi Hira Ratan Manek hat sich intensiv mit dem Phänomen des Sungazing und der damit verbundenen Bewusstseinserweiterung und Heilung von Körper, Geist und Seele beschäftigt. Dabei stieß er auf den Sonnenkult anderer Kulturen und stellte fest, dass viele alte Völker die Lichtkraft der Sonne und die damit verbundene Heilwirkung kannten. Im Tao Tsang, einer alten taoistischen Schrift, ist zu lesen: „Die Augen dem direkten Sonnenlicht auszusetzen, bringt dem Gehirn große Vorteile, denn so wird dort die Ausschüttung der lebenswichtigen Essenzen stimuliert."

Das Sungazing wirkt auch, wenn man mit geschlossenen Augen sein Gesicht der Sonne zuwendet, da das Licht auch über die Haut in den Körper eindringt. Allerdings ist die Wirkung mit offenen Augen um ein Vielfaches höher, da das Licht über die Augen direkt in das Gehirn einstrahlt. Hira Ratan Manek sieht es als seine Lebensaufgabe an, anderen Menschen sein Wissen über die Sonnenkraft zugänglich zu machen. Mit Sonnenlicht, so Manek, „lassen sich alle Arten von psychosomatischen, psychischen und körperlichen Erkrankungen heilen und die Gedächtniskraft und geistige Stärke erhöhen." Aus seiner jahrelangen Praxis weiß Manek, dass man mit der Energie der Sonne auch das Vertrauen in sich und das Leben entwickeln und alle Arten von Ängsten überwinden kann, sogar die Angst vor dem Tod.

SUNGAZING BEI SONNENAUFGANG

Marianne Scherer empfiehlt, beim morgendlichen Blick in die Sonne möglichst barfuß auf Gras, Erde oder Sand zu stehen, um auch gut mit der Erde verbunden zu sein.

Und hier ist ihre Sonnenmeditation:

- Stehen Sie aufrecht mit nach oben gestreckten Armen und atmen Sie das Sonnenlicht bewusst ein. Sprechen Sie leise oder im Geiste: „Göttliches Licht, ich danke dir, dass ich mich mit dir verbinden kann. Ich nehme dein wunderbares Licht in mir auf und heile damit Körper, Geist und Seele."
- Konzentrieren Sie sich auf Ihr drittes Auge und formen Sie mit Daumen und Ringfinger das Sonnen-Mudra. Atmen Sie

dabei tief ein und aus. Die Hände bleiben in Richtung Sonne ausgestreckt.

- Stellen Sie sich beim Einatmen vor, wie Sie über das dritte Auge das strahlende Sonnenlicht einatmen, das sich in alle Zellen verteilt, und wie Sie mit dem Ausatmen alles Negative und Belastende loslassen.
- Nach einigen Minuten atmen Sie das Sonnenlicht über das Herz-Chakra ein. Die Finger sind weiter im Sonnen-Mudra, die Arme befinden sich jetzt angewinkelt in lockerer Haltung am Körper.
- Atmen Sie tief in Ihr Herz-Chakra ein, das Sie wie eine vibrierende, leuchtende Sonnenscheibe vor Ihrem inneren Auge sehen.
- Halten Sie den Atem einige Sekunden lang an und stellen Sie sich vor, wie sich von Ihrem Herz-Chakra aus leuchtende Sonnenstrahlen in Ihrem ganzen Körper ausbreiten.

Wirkung: Sungazing belebt das Gehirn und regt dort brachliegende Bereiche an. Psychische und physische Blockaden werden aufgelöst.

SUNGAZING BEI SONNENUNTERGANG

„So wie der Blick in die Sonne bei Sonnenaufgang ein Begrüßen der Sonne und ein Aufnehmen ihrer lebendigen Kraft ist, so ist das Sungazing am Abend ein Abschied. Wenn sich die Kräfte in der Natur zurückziehen, zieht sich auch die Lebenskraft im Menschen zurück und bereitet sich auf die Nacht vor", sagt Marianne Scherer.

Hier ihre Meditation zum Sonnenuntergang:

- Setzen Sie sich etwa eine halbe Stunde vor Sonnenuntergang im Lotussitz oder in einer anderen bequemen Haltung auf eine feste Unterlage. Die Hände liegen im Gyan-Mudra (Zeigefinger und Daumen berühren sich) auf den Knien oder im Schoß übereinander.

- Sehen Sie in die untergehende Sonne und übergeben Sie ihr alles, was sich im Laufe des Tages in Ihnen angesammelt hat: Freude, Liebe, Hoffnung ebenso wie Trauer, Enttäuschung oder Angst.
- Lassen Sie mit dem Ausatmen alles los. Denken Sie dabei an den Kreislauf von Geburt und Tod, von Annehmen und Loslassen. Akzeptieren Sie dieses Wechselspiel, das sich in der Natur und in Ihnen selbst vollzieht.
- Konzentrieren Sie sich auf Ihr Wurzelchakra, wenn die Sonne am Horizont untergeht und chanten Sie sieben Mal das Mantra Hram (gesprochen: ram).
- Konzentrieren Sie sich danach auf Ihr Scheitelchakra und chanten Sie das Mantra Om.
- Zum Abschluss der Meditation chanten Sie abwechselnd die Mantren Hram und Om. Beginnen Sie mit Hram und enden Sie mit Om. Fühlen Sie die Schwingung des Mantras in den entsprechenden Chakras.

Wirkung: Das Nervensystem kommt zur Ruhe und der Geist in eine meditative Stille. Eine gute Voraussetzung für einen tiefen und erholsamen Schlaf.

Affirmation: Ich achte den Rhythmus des Lebens und stimme mich darauf ein.

Zum Abschluss noch ein Zitat von Omraam Mikhaël Aïvanhov:

„Nichts wird das Aufkommen der neuen Zeit, das goldene Zeitalter, verhindern können. Alle Menschen dieser Welt, die dafür wirken, werden sich zusammenfinden. Das neue Leben, das sich schon anbahnt, wird an Schönheit, Herrlichkeit und Harmonie alles übertreffen, was wir uns heute vorstellen können."

FRAGEN AN MARIANNE SCHERER

Liebe Marianne Scherer, deine ersten Erfahrungen mit Yoga waren mit Anfang zwanzig. Auslöser war das Buch „Autobiografie eines Yogi". Was war so besonders an diesem Buch?

Ich habe damals in Freiburg gewohnt und dort ist mir immer wieder mal ein älterer Mann aufgefallen, der eine ganz besondere Ausstrahlung hatte. Eines Tages sprach ich ihn einfach an – und das hat mein Leben verändert. Denn er hat mir das Buch von Paramahansa Yogananda empfohlen. Ich habe es gelesen – und plötzlich hatte ich eine Antwort auf die Fragen, die mich schon immer beschäftigt hatten: Warum bin ich hier? Was ist der Sinn des Lebens? Wie kann ich sinnvoll leben?

Seit wann praktizierst du Sonnen-Yoga und was hat dich dazu bewogen, dich auf diese Form des Yogas zu spezialisieren?

Als ich vor 20 Jahren meine Yoga-Lehrerinnen-Ausbildung auf den Bahamas gemacht habe, sind wir morgens öfters vor Sonnenaufgang an den Strand zum Meditieren und Chanten gegangen. Wenn dann die Sonne über dem Meer aufging, war das ein wunderbares und einmaliges Erlebnis. Ich glaube, damals habe ich zum ersten Mal bewusst eine innere Verbindung zur Sonne gespürt. Aber es gab noch mehr Erlebnisse, die ich hier nicht alle nennen kann. Dann waren da die Bücher von Omraam Mikhaël Aïvanhov über die geistige Dimension der Sonne, die für mich Seelennahrung waren und die mich auf meinem Weg bestätigt haben. Und so hat sich der Sonnen-Yoga als mein Weg ergeben, der für mich genau richtig ist.

Du warst damals mehrfach in Indien. Ist die Praxis des Sonnen-Yoga dort effektiver oder kann man die gleichen Erfolge auch im Westen praktizieren?

In Indien gehört der Sonnen-Yoga zur indischen Kultur, ohne dass er direkt so benannt werden würde. Ich habe dort erlebt, wie viele Inder ganz selbstverständlich bei Sonnenaufgang die Sonne begrüßt haben. Der im Westen bekannte Sonnengruß, der im Hatha-Yoga praktiziert wird,

stammt aus dieser Tradition. *In Indien gab es ursprünglich einmal zwölf*
Sonnentempel, in denen die Sonne als spirituelle Kraft verehrt wurde.
Ich habe dort auch einen Sonnen-Yogi aufgesucht, der eine spezielle Form
des Sonnen-Yoga lehrt. Praktizieren kann man diesen Yoga überall und
ich sehe keinen Unterschied in der Effektivität.

Gibt es Ereignisse, Wendungen in deinem Leben, die du
ohne Sonnen-Yoga nicht gemacht hättest?
Ja, ich hätte z. B. mein Buch „Sonnen-Yoga" nicht geschrieben. Ich hät-
te für mich sehr wertvolle Menschen nicht kennengelernt. Und ich hät-
te das Mysterium der Sonne nicht entdeckt, das ich inzwischen für ei-
nes der größten halte.

Besonders beeindruckend finde ich das Sungazing am
Morgen und am Abend. Da es in unseren Breitengra-
den aber auch häufig trübe und verregnete Tage gibt, an
denen die Sonne nicht scheint, gehe ich dann nicht leer
aus? Oder gibt es eine Alternative, um die Sonnenener-
gie nutzen zu können?
In unseren Breitengraden ist es leider so, dass wir nicht immer pure Son-
ne haben. Doch das Sonnenlicht dringt auch durch die Wolken und ei-
nen bedeckten Himmel. Deshalb geht man nicht wirklich leer aus, wenn
man an trüben Tagen Sungazing praktiziert. Aber natürlich ist die Wir-
kung abgeschwächt. Trotzdem sollte man sich vom Wetter nicht abhalten
lassen. Wenn man gar nicht nach draußen gehen kann, kann man z. B.
auch am offenen Fenster Sungazing praktizieren. Wichtig ist vor allem
auch, dass man sich innerlich auf den Sonnenaufgang und das Empfan-
gen des Lichts einstellt.

WASSERMANNZEITALTER UND LIEBE

„Das ist das Größte, was dem Menschen gegeben ist,
dass es in seiner Macht steht, grenzenlos zu lieben."

Theodor Storm (1817–1888), Dichter und Novellist

Liebe ist das größte Gut im Himmel und auf Erden. Sie ist der Topf voll Gold, der am Ende des Regenbogens steht. Liebe hat viele Facetten: Sie kann leidenschaftlich, treu, bedingungslos und besitzergreifend sein. Doch Liebe ist auch frei, wir können sie nicht besitzen, nicht festhalten oder einsperren. Liebe kommt oft unverhofft und entschwindet oft genauso unverhofft. Wer die Liebe zum Lebensbegleiter machen möchte, muss ihr etwas geben: Hingabe durch Loslassen. Nur wer sich selbst liebt und spürt, erhält das Geschenk liebevoller Beziehungen. Sandra Cammann, spiritueller Coach und Fitnesstrainerin, sagt: „Liebe heißt, sich bedingungslos anzunehmen und zu lieben." Sie weiß, wovon sie spricht, denn kurz vor ihrem 40. Geburtstag stand ihr bis dahin geordnetes Leben plötzlich Kopf. Aus heiterem Himmel war er da: ihr Traumpartner, der Mensch, der ihr Leben endlich „ganz machen" sollte. Doch was eine kosmische Romanze werden sollte, entpuppte sich als schmerzhafter Prozess. Während Sandra den typischen Herzmenschen verkörperte, war ihr Seelenpartner der Kopfmensch.

Über zufällige Begegnungen wurden beide auf ihre Lernaufgaben verwiesen, die lediglich eins zum Ziel hatten: sich selbst bedingungslos anzunehmen und zu lieben. „Auf diesem Weg müssen viele Hindernisse überwunden werden und Blockaden aufbrechen. Das ganze Leben wird auf einmal aufgerollt, hinterfragt und bearbeitet", weiß Sandra Cammann. Durch ihre schnelle spirituelle Entwicklung hatte sie sich von ihrem damaligen Ehemann und Vater ihrer Kinder trennen müssen. Er wollte seine „alte Frau" zurück. Doch sie spürte, dass es kein Zurück in ihr altes Familienleben mehr gab. Konsequent und mutig durchschnitt sie drei Jahre später ihr emotionales Band und löste damit auch die Ehe auf. Heute sind die vier eine ungebundene Familie. Sandra arbeitet im Homeoffice – ihrem alten Arbeitszimmer im Hause ihres Exmannes, wo auch ihre Kinder wohnen. Dort betreut sie ihre Kinder, wenn sie von der Schule nach Hause kommen. Mittlerweile wohnt sie in einer kleinen Wohnung im Zentrum Lüneburgs allein, führt eine Fernbeziehung und genießt jede freie Minute, die sie mit sich selbst hat. Zu ihrem Seelenpartner hat sie schon lange keinen Kontakt mehr. Sandra Cammann: „Für mich war dieser Mensch das bisher größte Geschenk des Universums, weil er mich gelehrt hat, bedingungs-los zu lieben."

Sandra Cammann

Sandra Cammann wurde am 7. Mai 1975 im Zeichen Stier in Lüneburg geboren. Bereits als Kind war für die Sportwissenschaftlerin das Thema Liebe und Spiritualität im Fokus. Heute ist sie selbst Mutter von zwei hochsensiblen Kindern. Im Jahr 2015 begegnete sie ihrem „göttlich männlichen Part", der sie in ihre Persönlichkeitsentwicklung brachte. Aufgrund ihres eigenen Entwicklungsprozesses möchte sie anderen Menschen Mut machen, ihren Weg zu gehen. Sie ist deswegen in dieser transformierenden Zeit nicht nur spiritueller Coach, Fitnesstrainerin und Journalistin, sondern auch Entwicklerin von hochenergetischen Weisheitskarten mit wertvollen Lernaufgaben und Affirmationen. Übrigens gemeinsam mit ihrer Mutter, die durch die grafische Gestaltung der Karten ihren eigenen Selbstausdruck erhält. Darüber hinaus sind die Karten ein Geschenk an die Menschen: Motive und Wörter wollen den Betrachter in seine Persönlichkeitsentwicklung bringen.

Sandras Anliegen ist es, möglichst viele Menschen in ihre Kraft zu bringen, damit diese Welt gesünder und liebevoller wird. So bringt sie auch Menschen jeden Alters durch Fitness, Yoga oder das Authentische Reiki in ihr Herzzentrum.

BEDINGUNGSLOSE LIEBE

Viele Menschen leben heute in der Angst. Angst aber ist das Gegenteil von Liebe. Sie blockiert unser Herz und alles, was wir uns vom Leben wünschen. Mit dem Herzen verbunden zu sein, bedeutet sowohl seine Sonnen- wie auch seine Schattenseiten zu akzeptieren. Sandra Cammann: „Wenn wir bedingungslos lieben, nehmen wir in erster Linie uns selbst bedingungslos an. Die Selbstliebe ist der wichtigste Schlüssel, um wahrhaftig Liebe als Kraft zu erfahren. Denn wie könnten wir eine Partnerschaft auf Augenhöhe führen, wenn wir immer nur in der Bedürftigkeit sind? Warum sollte unser Partner uns heiraten wollen, wenn wir es selbst nicht tun würden?"

Oft sind es Frauen, die in dieser Zeit aus ihren Ehen und Partnerschaften ausbrechen. Wenn sie den Luxus genießen, eine Zeit lang für sich allein zu sein, lernen sie sich und ihre Wünsche kennen. Sie fangen an, auf ihre Bedürfnisse zu hören und sich Gutes zu tun. Vielleicht sind es Kleinigkeiten wie nicht mehr so viel fernsehen, eine hochwertige Mahlzeit einnehmen, ein Wannenbad genießen oder einen Kaffee mit der besten Freundin trinken. Selbstliebe entsteht, wenn wir uns selbst wie die beste Freundin oder unseren Wunschpartner behandeln. Dieser Gedanke braucht oft ein paar Jahre, bis er sich wirklich verfestigt hat und in einer neuen Partnerschaft umgesetzt werden kann. Nur wer Grenzen zieht und dabei trotzdem im Herz und in seiner Mitte bleibt, bekommt ein Gefühl für andere Menschen und ihre Bedürfnisse. Über Mitgefühl wird auch Vergeben plötzlich möglich sein. Wenn sich Dankbarkeit auch in schwierigen Auseinandersetzungen mit geliebten Menschen im Herz ausbreitet, bekommt man eine leise Ahnung, wie sich bedingungslose Liebe anfühlt.

LEBENSTHEMEN VON UNTEN NACH OBEN HEILEN

Es ist schön, über bedingungslose Liebe zu lesen oder Berichte von anderen Menschen zu hören. Doch erst, wenn sich im eigenen Leben etwas elementar transformiert hat, kommt man auch selbst in diese Kraft hinein. „Transformieren kann man sich vor allem über seine persönlichen Energiefelder, die über den ganzen Körper verteilt sind. Vom Damm bis zum Scheitel ziehen sich diese unterschiedlich großen Energiezentren am Körper entlang. Sie stehen nicht nur in Verbindung mit unserem Hormonsystem und unseren Organen, sondern auch mit unseren Gefühlen und unserem Denken. Dazu zählen natürlich auch unsere Seelenwunden, welche in die Heilung gehen möchten, damit die Energiefelder frei schwingen können. Ein Chakra ist ein Energiewirbel. Der Mensch hat sieben Hauptenergiezentren, von denen das Herz genau in der Mitte liegt. Das Herz versorgt die unteren sowie die oberen Chakren mit Energie. Es ist sozusagen unser Motor. Je entspannter wir sind, desto mehr Energie fließt durch den Körper. Jeder Energiewirbel hat dabei seine eigene Frequenz und eine besondere Aufgabe. Doch wenn eine Blockade in einem Chakra besteht, kann die Energie nicht mehr frei fließen und der Mensch ist in seinem Handeln unterbewusst blockiert. Innere Spannungen entstehen. Gefühle und Gedanken werden aufgewirbelt. Wenn hingegen alle Energiewirbel offen sind, erfährt man eine ungeahnte Glückseligkeit", erklärt Sandra Cammann.

SANDRA CAMMANN ÜBER DIE BEDEUTUNG DER CHAKREN

Es ist wichtig, zunächst an der Basis des Wurzelchakras die Energien zu befreien. Unsere frühe Kindheit mit unserem sozialen Umfeld prägt uns am meisten. Kinder, die auf diese Welt kommen, tragen immer das Bewusstsein der bedingungslosen Liebe in sich. Wenn wir in die Augen eines Säuglings schauen, können wir in dieser Liebe des Universums versinken. Während Kinder heranwachsen und größer werden, prägt sie die Gesellschaft und ihr direktes Umfeld mit Regeln, Kontrollen und Strafen. Auch wenn Eltern ihr Bestes geben, so sind sie am Ende doch Menschen, die ihre eigenen Verletzungen in sich tragen und oft an ihre Kinder weitergeben. Kinder lernen somit schon in frühen Jahren, dass man lieb sein oder Leistung erbringen muss, um Anerkennung zu erhalten. Wenn ein Mensch also nicht in Liebe und gleichzeitig in Freiheit aufwächst, entstehen Seelenwunden, die dazu führen, dass das Urvertrauen ins Leben fehlt.

Diese Themen entstehen in den unteren drei Chakren: Wurzelchakra (Urvertrauen), Sakralchakra (Sexualität und Kreativität) und Nabelchakra (Selbstbewusstsein). Tritt eine Verletzung der Seele in einem dieser Energiezentren auf, verschließt sich automatisch auch das Herz. Über viele Jahre entsteht somit eine Schutzmauer, die auch keine Spiritualität oder echtes Bewusstsein mehr zulässt. Das Ego wird riesengroß und trifft die Entscheidungen. Der Mensch schneidet sich von sich selber ab und kommt in einen „Automatikmodus", in dem zwar der Alltag funktioniert, aber keine Lebendigkeit mehr gefühlt wird. So laufen viele Erwachsene in Programmen. Wenn jemand uns verbal angreift, verteidigen wir uns automatisch. Wenn wir etwas erreichen wollen, bringen wir Höchstleistungen. Wenn wir einen geeigneten Partner suchen, verstellen wir uns und zeigen nur die schönsten Seiten. Doch Glück, Frieden und wahre Liebe werden wir auf diese Weise niemals finden können. So bleiben wir ewig Suchende nach dem Sinn des Lebens und nach uns selbst. Der einzige Ausweg aus dieser Falle beginnt deshalb bei der Heilung unserer Lebensthemen, damit die Energiezentren wieder frei schwingen können.

DAS WURZELCHAKRA –
URVERTRAUEN IN DEN FLUSS DES LEBENS

Das Wurzelchakra (im Schritt, zwischen den Genitalien) schwingt langsam. Es ist das erste Energiezentrum, das sich beim Menschen ausbildet. Durch die Entfaltung des ersten Chakras lernt man Ja zum Leben zu sagen. Über dieses Chakra ist der Mensch energetisch mit der Erde verbunden. Man schlägt bildlich Wurzeln in den Boden. Es ist die Quelle starker Lebensenergien. Eine gute Verwurzelung ist die beste Voraussetzung für ein erfolgreiches Leben. Urvertrauen ins Leben, Sicherheit und Geborgenheit sind wichtige Gefühle, die aus einem gesunden Wurzelchakra gelebt werden können. Bei einer Störung hat man Existenzängste, leidet unter Antriebslosigkeit oder legt auf Materielles zu viel Wert. Das Wurzelchakra wird durch viel Bewegung an der frischen Luft – am besten barfuß – gefördert. Eine Fußmassage, tanzen zu rhythmischer Musik, rote Kleidung oder rote Blumen bringen dieses Energiezentrum in eine harmonische Schwingung.

DAS SAKRALCHAKRA – SEXUALITÄT UND KREATIVITÄT

In diesem Energiezentrum geht es nicht nur um Sinnlichkeit und Sexualität, sondern auch um Kreativität und Lebensfreude pur. Lust und Genuss können nur entstehen, wenn man Situationen annimmt, wie sie sind, und das Leben fließen lässt. Bei einer Störung des Sakralchakras kommt es zu Frigidität oder Impotenz, aber auch Sexsüchte können ein Zeichen von einem energetischen Ungleichgewicht sein. Körperliche Symptome sind Fett- oder Magersucht. Auf emotionaler Ebene sind Einsamkeit, Neid, Eifersucht oder Trauer Merkmale für ein Ungleichgewicht.

Das Sakralchakra (eine Handbreit unter dem Bauchnabel) steht in enger Verbindung mit dem Wasser – die lebendige Fließeigenschaft sowie die reinigende und verwandelnde Kraft sind wichtige Aspekte des „Sexualchakras". Über dieses Energiezentrum nehmen wir Kontakt mit unserer weiblichen Energie auf und verbinden uns mit der Weisheit unseres Unterbewusstseins. Frisch Verliebte kennen das Kribbeln im Unterleib, wenn sich das innere Feuer und Verlangen entfacht. Energetisch schwingt es genauso langsam wie das Wurzelchakra. Durch Baden, Schwimmen, reichlich trinken und durch Spaziergänge am Wasser wird das Sakralchakra in Harmonie gebracht. Kreative Tätigkeiten wie Malen und orangefarbene Einrichtungsgegenstände oder Bekleidungsstücke wirken zusätzlich unterstützend.

DAS NABELCHAKRA/SOLARPLEXUS – SITZ DER PERSÖNLICHKEIT

Das Nabelchakra (unmittelbar über dem Nabel) durchstrahlt wie eine leuchtende Sonne den Körper und versorgt ihn mit Lebensenergie. Es ist der Sitz unserer Persönlichkeit. Das dritte Chakra gilt als Energiereserve des Körpers, denn genau hier wird die Energie der Sonne gespeichert und als Lebensenergie wieder nach außen getragen. Menschen mit einem starken Nabelchakra reagieren spontan, handeln aus dem Bauch heraus und treffen intuitiv die richtigen Entscheidungen. Sie lassen ihren Gefühlen freien Lauf. Sie können laut und herzlich lachen, aber auch bitterlich weinen, wenn sie traurig sind. Bei einer Blockade in diesem Energiezentrum kann es zu Minderwertigkeitsgefühlen und Kraftlosigkeit kommen, zu Aggressivität, ständigen Wutausbrüchen oder Machtbesessenheit. Übertriebener Ehrgeiz und Leistungsdenken sowie Rücksichtslosigkeit und Zerstörungswut sprechen für eine fehlgeleitete Energie im Nabelchakra. Körperlich kann es sich in Form von Übergewicht und Diabetes Mellitus äußern.

Das zentrale Element des Nabelchakras ist Feuer. Damit verweist es auf die vitale und feurige Energie, die von diesem Zentrum ausgeht. Ein ausgeglichenes Nabelchakra ist maßgeblich für ein gutes Bauchgefühl. Die Natur mit ihrem Sonnenlicht, gelbe Getreidefelder, gelbe Blüten, gefühlvolle Musik und Kerzenlicht, sowie kurze Sonnenbäder und ein Kaminfeuer wirken positiv auf dieses Chakra.

DAS HERZCHAKRA – SITZ DER BEDINGUNGSLOSEN LIEBE

Das Herzchakra (im Brustkorb, wo das Herz liegt) ist der primäre Sitz der Emotionen in unserem Energiekörper. In diesem Chakra fühlen wir sowohl Freude als auch Trauer. Um also das Gefühl von Glückseligkeit und Freude zu maximieren, müssen wir unser Herzchakra öffnen, nähren und stärken. Hingabe, Selbstlosigkeit, Mitgefühl, Toleranz und Heilung sind nur einige der zugewiesenen Eigenschaften. Das Herzchakra ist unser spiritueller Motor, weil es die unteren und oberen Chakren miteinander verbindet. Während die unteren Chakren uns mehr an die materielle Welt binden, verbinden uns die oberen Chakren mit unserem göttlichen Selbst. Da wir spirituelle Wesen sind, die eine menschliche Erfahrung machen, müssen wir unsere oberen Chakren zusammen mit den unteren entwickeln. Während die unteren Chakren uns eher helfen, materiellen Reichtum zu manifestieren, führen uns die oberen Chakren zur spirituellen Erhebung. Das Herzchakra, das sich im Zentrum der unteren und oberen Chakren befindet, hilft, die irdischen und spirituellen Bestrebungen zu überbrücken und zu integrieren. Wir brauchen die richtige Kombination von beidem, um Erfüllung im Leben zu erfahren, und deshalb ist das Herzchakra von größter Bedeutung. Sind die unteren drei Chakren ausgeglichen, bekommt der Mensch eine Vorahnung, was bedingungslose Liebe ist. Selbstliebe nimmt einen hohen Stellenwert ein. Dauerhaft gelebt werden kann diese Liebe allerdings erst, wenn alle sieben Chakren frei schwingen können.

Das vierte Chakra nimmt auch die Schönheit der Natur und die von Kunstwerken wahr. Das Herz wird in allen Kulturen mit der Kraft der Liebe in Verbindung gebracht. Es bildet die menschliche Mitte. In unserem spirituellen Herzzentrum sind wir geborgen und frei von Makeln. Was auch immer im Leben passiert – über die Verbindung mit unserem Herzchakra finden wir Trost und Kraft. Mit einem gut entwickeltem vierten Chakra nimmt man die Menschen so, wie sie sind – man liebt einfach und kann mit viel Herzenswärme Verantwortung für sich selbst und andere übernehmen. Wahres Mitgefühl, das Sich-hinein-Versetzen in andere und tiefes Verständnis sind emotionale Fähigkeiten, die zeigen, dass das Bewusstsein bereits eine höhere Stufe der Entwicklung erreicht hat. Diese überpersönliche Liebe öffnet sich jedem Menschen – nicht nur dem Partner, der Familie oder Freunden. Die Liebe des spirituellen Herzens ist jedoch nicht die leidenschaftliche und sinnliche Liebe, sondern eine Bewusstseinsstufe, auf der die Liebe bedingungslos ist.

Genau wie alle anderen Chakren wird auch dieses Chakra durch negative Gedanken und Emotionen entweder blockiert oder überaktiv. Wenn das Herzchakra blockiert ist, erleben wir das Gefühl des Mangels in vielen Aspekten: Freude, Mitgefühl, Erfüllung, die Fähigkeit zu verzeihen oder loszulassen. Wenn es überaktiv ist, lassen wir uns von unseren Gefühlen mitreißen und werden überempfindlich. Beides sind unerwünschte Emotionen und deshalb müssen wir das richtige Gleichgewicht finden. Die Fähigkeit zu fühlen oder zu empfinden ist ein Segen, kein Fluch. Sie wird jedoch zum Fluch, wenn wir nicht wissen, wie wir unsere Gefühle kanalisieren können.

Obwohl die Liebe immer mit der Farbe Rot in Verbindung gebracht wird, ist die Farbe des Herzchakras grün, weil diese Harmonie und Ausgeglichenheit symbolisiert. Das Herzchakra wird durch grüne Kleidung und Aufenthalte in der Natur gestärkt.

DAS HALSCHAKRA/KEHLKOPFCHAKRA – SITZ DER KOMMUNIKATION

Das Halschakra (am Hals, etwas unterhalb des Kehlkopfes) wird als Chakra der Kommunikation bezeichnet. Es drückt unsere Gedanken und Gefühle aus, hilft bei der Wahrnehmung der inneren Stimme und ist das Tor zu höheren Bewusstseinsebenen. Energetisch lädt dieses Chakra die Stimmbänder auf. Ein Großteil der Gedanken besteht aus Worten. Diese Worte beeinflussen unsere Gedankenwelt und damit unser Lebensgefühl. Bei Blockaden in diesem Chakra kommt es zu Schwierigkeiten,

Vorstellungen in Worte zu fassen. Sprachlosigkeit, Schüchternheit und Angst können die Folge sein. Mandelentzündungen und Heiserkeit sowie Probleme mit der Schilddrüse können mögliche körperliche Beschwerden sein, die bei einer längeren Blockade des Halschakras auftreten.

Das Halschakra wirkt reinigend auf das Bewusstsein und lässt innere Klarheit entstehen. Dieses Chakra ist nur ausgeglichen, wenn Zuhören und Reden in der Balance sind. Oberflächliches Schwätzen gehört weniger zu einer starken Kommunikationsfähigkeit. Vielmehr kommt es darauf an, sich anderen verständlich zu machen und Worte bewusst zu wählen. Wenn jemand wahrhaft authentisch ist, kann er sich mit wenigen Worten so stark ausdrücken, dass der Zuhörer „berührt" wird. Das Halschakra ist auch insofern wichtig, weil es das Herzchakra mit dem Stirnchakra verbindet. Es stellt ein gesundes Gleichgewicht zwischen Fühlen und Denken her. Menschen mit einem gut entwickelten Halschakra können mit Worten umgehen und wissen wie sie ihre Stimme einsetzen. Über ihre Stimme tauschen sie nicht nur Informationen aus, sondern bringen auch Gefühle zum Ausdruck. Meist haben sie auch einen Hang zur Musikalität.

DAS STIRNCHAKRA/DRITTES AUGE – SITZ DER INTUITION

Das Stirnchakra (in der Mitte der Stirn, zwischen den Augenbrauen) gilt als Ort der Intuition und ist Sitz des Geistes und Verstandes. Diesem Chakra werden Visualisierungskraft zugeschrieben sowie außersinnliche Wahrnehmung, Intuition, Einsicht, Entwicklung der inneren Sinne und Geisteskraft. Die Schwingung ist hoch – Visionen kommen plötzlich und verschwinden schnell wieder. So sind es manchmal nur Bruchteile von Sekunden, die der Verstand wieder vergessen möchte. Ist das dritte Auge blockiert, äußert sich das oft in Sorgen, Ängsten, Alpträumen und Stress – man ist nicht mehr in der Lage, für die Zukunft zu planen. Das Stirn-Chakra versorgt Augen, Nase und Ohren sowie das Kleinhirn mit wertvoller Energie.

Körperliche Symptome können Kopfschmerzen, Ohrensausen und Stimmungstiefs sein.

Durch Meditationen auf diesem Energiezentrum kann das Denken von der Dualität befreit werden – man fühlt sich wieder ganz und nicht abgetrennt von der universellen Energie. Ein gutes Gedächtnis, viel Fantasie, geistige Klarheit und intuitives Wissen sind die natürliche Entwicklung des sogenannten sechsten Sinns. Das dritte Auge stellt die Verbindung zur geistigen Welt her. Übersinnliche Wahrnehmungen wie Hellsehen und Gedankenlesen geschehen nur über das dritte Auge. Probleme können über die Verbindung zum „Höheren Selbst" aus einem anderen Blickwinkel betrachtet werden und man kann sich schneller von diesen befreien. Um das Stirnchakra zu harmonisieren, schreibt man seine Träume auf – sie können wichtige Helfer bei Problemlösungen im Alltag sein. Auch das Lesen von Märchen und Fabeln sowie die Farbe Violett können helfen, dieses Chakra zu stärken.

DAS KRONENCHAKRA/SCHEITELCHAKRA – SITZ DES GÖTTLICHEN

Ganz oben angekommen, kann das Kronenchakra (am Scheitelpunkt in der Mitte vom Kopf) nur erweckt werden, wenn alle anderen Chakren dauerhaft geöffnet sind und eine stabile Basis bilden. Wenn es so weit ist, entwickeln sich die Selbstverwirklichung und spirituelles Verständnis wie von selbst. Dieses Gefühl ist geprägt von einem tiefen inneren Frieden – im Einklang mit sich und der Welt. Innerhalb des Erwachens des höchsten Bewusstseins ist das Kronenchakra die letzte Stufe der inneren Leiter. Dieses Erwachen ist fast immer mit sehr angenehmen Bewusstseinszuständen verbunden – ein Zustand der absoluten Glückseligkeit.

Beim Kronenchakra geht es spirituell um das Aufsteigen von der Dunkelheit zum Licht und damit um die Vereinigung des göttlichen Selbst. Das Licht der Seele kommt in diesem Chakra zum

Strahlen. Das Mantra vom Kronenchakra ist OM (= das Mantra, das uns in unserer wahren Natur schwingen lässt). Das Kronenchakra überschreitet die menschlichen Grenzen und geht direkt in die Aura über. Einige Experten gehen sogar davon aus, dass das Kronenchakra außerhalb des Körpers liegt. Zentrale Themen sind Spiritualität, Selbstverwirklichung und Erleuchtung. Es ist das Tor zum Universum und das Chakra des höchsten Wissens: Gottvertrauen, Spiritualität, Freiheit, Vollendung und – nicht zu vergessen – die Demut vor dem universellen Größeren! Mit Ausnahme der Zirbeldrüse im Zentrum des Gehirns ist das Kronenchakra keinem einzelnen Organ zugeordnet, sondern hat eine schützende Wirkung auf den gesamten Körper. Das Kronen-Chakra hat großen Einfluss auf den Schlaf-Wach-Rhythmus. Dieses Chakra lässt sich zum Beispiel in der Natur durch weite Ausblicke stärken, wie etwa bei Bergbesteigungen oder Aufenthalten am Meer.

DIE KUNDALINI-ENERGIE – DER AUFSTIEG IN DIE LIEBE

Wenn alle sieben Hauptenergiezentren frei schwingen können, steigt – wie man im Tantra sagt – die Kundalini-Energie vom untersten Ende der Wirbelsäule bis nach ganz oben. Dieses Schlangenfeuer, wie Kundalini auch genannt wird, wird mit der Erdkraft in Verbindung gebracht. Sie wird auch Wurzelkraft genannt und ruht in den Chakren, bis diese vollständig aktiv sind. Dieser Vorgang braucht in der Regel viele Jahre und geht sehr sanft vonstatten. Die Kundalini-Energie ist nicht nur wichtig auf dem Weg zur Erleuchtung, sie sorgt auch dafür, dass unsere Organe von magnetisch-elektrischer Energie durchdrungen und mit gesunder Lebenskraft versorgt werden. Die Kundalini-Energie bringt Ordnung in Körper, Geist und Seele. Durch unser materiell geprägtes Leben schneiden wir uns leider oft von dieser Energie ab. Der Verstand ist dann im Vordergrund und die Feuerkraft verstopft regelrecht, wenn wir unser geistiges Potenzial nicht nutzen. Meditationen und Affirmationen aber können helfen, in unsere Energie und unser wahres Selbst zu kommen.

Glaubenssätze, Gelübde und Affirmationen kanalisieren Energie. Der Mensch braucht Glaubenssätze, um im Leben voranzukommen. Wichtig ist, dass Affirmationen immer positiv formuliert sind. So können negative Glaubenssätze („Das kann ich nicht!") in positive Glaubenssätze („Ich kann das") umformuliert werden. Betrachten wir also das Leben durch eine Brille von positiven Affirmationen, so geben uns diese einen wertvollen Rahmen und Sicherheit. Sie bewahren uns davor, unbewusst zu handeln. Wer Affirmationen in sein Leben integriert, wird seine individuelle Lebensenergie so kanalisieren und verstärken können, dass mit großer Wahrscheinlichkeit nachhaltig Gutes erreicht werden kann. Affirmationen geben eine Richtung vor. Es ist jedoch ein Trainingsprozess. Der Geist ist wie ein Muskel – er möchte jeden Tag trainiert werden, damit er nicht verkümmert. Nur so können sich Glaubenssätze manifestieren. Je häufiger man damit arbeitet, desto leichter können schwierige Situationen gemeistert werden.

Zunächst ist es also wichtig, sich der negativen Affirmationen bewusst zu werden und diese positiv umzuwandeln. Später können ganz neue Glaubenssätze dazukommen. Jeder Glaubenssatz möchte täglich verinnerlicht werden. So kann man zum Beispiel die Affirmationen auf einen Zettel schreiben oder malen und diesen in Sichtweite an einer Pinnwand befestigen. Es braucht ein paar Wochen – manchmal auch Monate –, bis sich neue Glaubenssätze verfestigt haben. Wer diese „innerlich fühlt", kann die Zettel wieder abnehmen und Platz für Neues schaffen.

DAS WEIBLICH-MÄNNLICHE PRINZIP IN DER LIEBE

Fühlen und Spüren sind typisch weibliche Eigenschaften. Denken und Worte gehören zu den männlichen. Ist das Herzchakra offen, geht es um das Annehmen der männlichen und weiblichen Aspekte. Nach dem Prinzip von Yin und Yang möchten diese Kräfte in uns allen – egal ob Mann oder Frau – zum Ausgleich kommen. Unsere Gesellschaft ist sehr männlich geprägt. In Alltag, Schule und Beruf geht es ums Tun und ums Denken. Mutter zu sein ist auch eine männliche Energie, weil diese ständig im Tun verhaftet ist.

Wahrhafte Göttinnen lehnen sich zurück und empfangen ihre Visionen in einer Art „Leere" und Meditation. Das ist auch weniger erschöpfend. Der Verstand kann diese Energie nicht begreifen, weil sie nicht im Mentalen stattfindet. Solange wir alle in diesem Hamsterrad gefangen sind und zum Beispiel zu sehr beruflichen Erfolg fokussieren, kann der rationale Verstand uns nicht erlösen. Geistige Meisterschaft und Herzenskraft wie bedingungslose Liebe erfahren wir erst, wenn sich der Verstand im weiblichen Wissen entspannen kann. Diese Kraft kann nicht in Worte gefasst werden. Menschen, die diese Kraft spüren, erfahren den Himmel auf Erden. Eine Frau, die in ihrer Weiblichkeit angekommen ist, bringt Zauber und Magie in das Leben anderer Menschen.

Doch bis dahin ist es oft ein langer Weg. Frauen dürfen aufhören, Männern in der klassischen Weise zu dienen. Wäsche waschen, für eine saubere Wohnung sorgen und das Essen zubereiten, mögen Liebesbeweise sein, haben aber mit Weiblichkeit eher wenig zu tun. Die Frau dient dem Mann mit ihrer Energie und ihren Visionen, die sie empfängt. Und der Mann dient ihr, indem er sie und ihre Energien beschützt. Eine Frau, die ganz in ihrer Weiblichkeit steht, kann Gefühle, Emotionen und Sinnlichkeit ins Leben eines Mannes bringen, der wiederum Kraft schöpft durch seine Gedanken und sein Handeln. Auf diese Weise können sich weibliche und männliche Energien optimal ergänzen. Was Frauen energetisiert, ist ihre Anziehungskraft auf andere Menschen. Männer sehnen sich nach Frauen, die in ihrer femininen Seite sind. Diese Frauen sind natürlich, sensitiv und fangen den Mann mit ihrer Wärme auf. Sie erschaffen mit dieser Energie eine mystische Aura. Diese Polarität funktioniert natürlich auch bei zwei Männern oder zwei Frauen.

WIE WEIBLICHKEIT GEHT

Es gibt verschiedene Stufen auf dem Weg in die Weiblichkeit. Zunächst wird sich eine Frau ihrer Abhängigkeiten bewusst. Wenn sie sich auf der nächsten Stufe davon befreit und autonom wird, beginnt sie, auch ihr Äußeres zu verändern. Sie arbeitet dann zum Beispiel an ihrem weiblichen Gang und an ihrer Garderobe: Feminine Unterwäsche, Kleider, Röcke und Blusen sowie schöne Schuhe erfüllen jetzt den Wohnbereich. Praktische und funktionelle Kleidung wird zunächst in die hinterste Ecke des Kleiderschrankes verbannt. Die dritte Stufe ist die Liebesfähigkeit und Sinnlichkeit. Auf der letzten Stufe zur Weiblichkeit wird der Liebe aus dem eigenen Herzen mehr Raum im Leben gegeben – in erster Linie für sich selbst.

Wenn eine Frau aus ihrer weiblichen Kraft heraus lebt, hat sie eine unerschöpfliche Energie. Sie dient dem großen Ganzen und lebt aus der Verbundenheit ihrer Quelle. Das kann sie jedoch nur, wenn sie ihre Intuition trainiert und auf diese vertraut. Regelmäßige Rituale und Aufenthalte in der Natur stärken ihre Weiblichkeit. Ein Leben im Einklang mit den Gesetzen des Universums wird nachhaltig und erfolgreich sein für eine spirituell erwachte Frau. Dafür ist es wichtig, seine eigenen natürlichen Rhythmen zu kennen und bewusst danach zu leben. Es gibt Phasen der Regeneration wie im Winter, der Inspiration im Frühling und der Aktion im Sommer und Herbst. Besonders der Körper braucht diese Phasen für seine gesunde Entwicklung. Weiblichkeit bedeutet also auch, diesen Phasen genügend Raum im Leben zu geben. Genauso zyklisch verhält es sich mit den Emotionen. Mal ist einem danach, gut gelaunt nach außen zu treten und manchmal ist ein leiser Rückzug angesagt, um die Aufmerksamkeit nach innen zu lenken. Frauen haben jedoch die Tendenz, sich immer um andere kümmern zu wollen und vergessen dabei, sich selbst den Raum für ihre Entwicklung zu geben. Weiblichkeit bedeutet darum auch, liebevoll Grenzen zu setzen und auf eigene Bedürfnisse einzugehen. Der Körper ist dabei immer wahrhaftig. Er weiß genau, was gut tut.

Wenn wir lernen, auf den Körper zu hören, steht uns die weibliche Kraft zu 100 Prozent zur Verfügung. Dazu gehören auch die Gefühle, weil sie eine Form der Intelligenz darstellen. Über körperlichen Ausdruck wie Tanzen und Yoga kommen wir mit der Weisheit des Körpers in Verbindung und sind an die natürliche Quelle der Kraft angebunden. Auch Massagen, Sauna und Entspannungstechniken helfen dabei, die sanfte Seite des Körpers vollkommen anzunehmen und wertzuschätzen.

All unsere „männlichen" Verhärtungen dürfen sich über diesen Ausdruck auflösen. So darf die weibliche Verletzlichkeit mit offenem Herzen eine ganz neue Stärke zum Vorschein bringen. Bei der Arbeit bleibt eine spirituell erwachte Frau in Kontakt mit sich und ihrem Inneren. Sie weiß, wie sie ihre Sinne offenhält und bewusst und achtsam in ihrer Mitte ihrer Berufung nachgeht. So kann sie sogar bei einem höheren Arbeitspensum den Tag genießen. Auch Sexualität bekommt mit Sinnlichkeit und Weiblichkeit eine neue Dimension. Es geht vordergründig nicht mehr um Empfängnis und Zeugung, sondern vielmehr um eine Kraft, die in kreative Bahnen und somit auch im Alltag genutzt werden kann. So wird sich eine spirituell erwachte Frau jeden Tag neu ins Leben verlieben und Erotik durch ihre verkörperte Präsenz in allen Zellen ihres Körpers spüren und genießen.

Für diesen Bewusstseinsprozess braucht sie keinen Mann. Sie braucht sogar Abstand zum Mann, um sich Zeit für sich selbst zu nehmen. Dabei kann sie innerlich prüfen, was sie in ihrem Leben will und was sie nicht will. Männer haben es da paradoxerweise leichter, wenn sie eine Frau an ihrer Seite haben, die sie einlädt, in die männliche Energie zu kommen und gleichzeitig die weibliche Seite ausleben zu dürfen.

Das bedeutet: Die Frau geht voran, um eine neue Lebendigkeit durch die tief verwurzelte weibliche Kraft auf die Erde zu bringen. Äußerlichkeiten wie High Heels und Spitzenunterwäsche sind zwar schön für eine spirituell erwachte Frau, aber sie sind kein Muss mehr, um in ihrer Mitte und Kraft zu bleiben. Das Weibliche wird in der Innenwelt – im Herz – erschaffen. Unser Herz, das unser „spirituelles Gehirn" ist, wünscht sich einen

Gegenpol zu Aktivität und dem ständigen Gedankenkarussell. Nach innen gehen, besinnen, fühlen, entspannen, intuitiv sein und auf die Stimme des Herzens hören, bedeutet gleichzeitig, sich dem Leben hinzugeben und zu vertrauen. Mit Kämpfen hat weibliche Kraft daher rein gar nichts zu tun. Wahre Stärke ist, wenn ein Mensch – ob Mann oder Frau – seine schwachen Seiten anerkennt und dem Ruf seiner Seele folgt. Und so darf letztlich die Frau in ihrer Weiblichkeit die göttliche Liebe verkörpern, während der Mann ihr den nötigen Schutz gibt, damit sie ihr Herz offenhalten kann. In ihrer Weiblichkeit angekommen, wird eine Frau zur Göttin für einen Mann.

LIEBE – DIE STÄRKSTE KRAFT IM UNIVERSUM

Liebe ist die stärkste Kraft im Universum. Sie ist unerschöpflich und erzeugt ein mächtiges Energiefeld. Diese Kraft ist einfach da. Sie wirkt in jedem Menschen aus der Verbundenheit mit Gott heraus. Liebe ist Herzensenergie, die über den Geist ausgedrückt wird. Somit kann ein reines Herz geben und empfangen, wenn sich die Angst durch Liebe aufgelöst hat. Es ist an der Zeit, sich von negativen Energien zu lösen, damit bedingungslose Liebe in das Leben unserer Gemeinschaft einfließen kann. Ein offenes und von Liebe überfließendes Herz ist unverwundbar. Das elektromagnetische Feld, das dadurch erzeugt wird, wirkt über tausende von Kilometern – wenn nicht sogar im ganzen Universum. Ein Herz, das universelle Liebe verströmt, wird zu einem Magneten. Dieses Magnetfeld hilft jedem Menschen, Herzenswünsche mit Leichtigkeit, Fülle und Frieden in sein Leben und das seines Umfeldes einzubringen. Wer also in der Lage ist, Herz und Verstand in Einklang zu bringen, wird sich seiner Selbst bewusst und zieht automatisch bedingungslose Liebe als Stärke in sein Leben.

WASSERMANNZEITALTER UND ENGEL

Es besteht wohl kaum ein Zweifel, dass sich die Menschheit an einer Zeitenwende befindet. Wenn wir auch noch nicht genau wissen, wohin uns der Weg führt, so steht doch eines fest: Wir müssen das Alte gehen lassen, denn es bringt uns nicht weiter in einer Welt, die sich gerade völlig neu konzipiert. Das ist nicht leicht, denn wir müssen dafür unsere Komfortzone verlassen. Doch wir sind nicht alleine, viele himmlische Helfer stehen bereit, die nur auf ein Signal von uns warten. „Zusammen mit den Engeln werden wir den Übergang in das neue Zeitalter, das jetzt begonnen hat, sehr viel kraftvoller und entspannter erleben", sagt Engelexpertin Sonja Ariel von Staden.

Sonja Ariel von Staden

Sonja Ariel von Staden wurde am 12. Mai 1969 in Düsseldorf im Zeichen des Stiers geboren. Aufgewachsen in einer kreativen Familie, wurde das Malen von Menschen, Tieren und der Natur von Kindesbeinen an ihr Zugang zur Welt. 1990 machte sie in Leverkusen eine Ausbildung als Grafikerin. Seither lebt sie als freischaffende Malerin und Autorin und seit der Jahrtausendwende auch als Engelbotschafterin. 1990 folgten erste Ausstellungen, heute kann man ihre wunderschönen spirituellen Bilder, Bücher, Amulette und Deko-Objekte in ihrem Online-Shop bestellen. Sonja Ariel von Staden sagt von sich selbst: „Ich bin ein Engel in Menschengestalt." Eine besondere Verbindung fühlt sie mit Erzengel Ariel, den sie darum auch im Namen trägt. Erzengel Ariel ist als der Engel bekannt, der eine Verbindung zu höheren Lichtwesen und höheren Welten herstellen kann. Seit 2003 arbeitet Sonja

Ariel von Staden auch als Beraterin, Mentorin und Coach. Ihre kostenlosen YouTube-Videos sind eine Inspiration für jeden, der auf der Suche nach seinem persönlichen Weg ist und gleichzeitig mehr über die Hintergründe des Lebens erfahren möchte.

2012 wanderte Sonja Ariel von Staden mit ihrem Mann nach Ibiza aus, wodurch ihre Kreativität, das Malen, Schreiben und Coaching unter freiem Himmel einen lichtvollen Schub erhielt. Seit Anfang 2017 lebt sie allein mit ihrem Kater Simba auf der Nachbarinsel Mallorca mit einer – wie sie sagt – neuen, tiefen und magischen Energie. Ihr Wunsch ist es, möglichst viele Menschen zu motivieren, Ja zu sich selbst zu sagen, um das Leben in all seinen schönen Facetten genießen zu können. „Denn Fülle, Glück und Reichtum sind dein universelles Recht!", sagt sie.

„Du spürst es jeden Tag. Der Wandel ist in vollem Gange. Alle Menschen können es fühlen, doch jeder geht anders damit um", sagt Sonja Ariel von Staden.

„Die Engel sagen: Vertraut eurer Intuition, eurer inneren Stimme, eurer Seele. Sie spricht jeden Moment zu euch, doch wird sie oft übertönt von eurem Verstand, der euch antreibt. Ihr habt gelernt, dass ihr die Regeln befolgen müsst, um nicht aus der Gesellschaft ausgeschlossen zu werden, Schluss damit! Das neue Zeitalter, das vor euch liegt, wird durchdrungen sein von freiem, klarem Bewusstsein. Die Menschen werden weltweit erwachen aus dem Traum der Illusion. Ein neues Wertesystem, ein neuer Umgang mit Technologie, mit der Erde und vor allem mit Gefühlen wird die Gesellschaft verändern. Ihr könnt diesen Übergang genießen, indem ihr euch und das Leben bewusst wahrnehmt. Genießt die Entschleunigung, die Langsamkeit, und beobachtet, was es mit euch macht. Öffnet euer Herz für neue Möglichkeiten, entspannt zu leben, zu arbeiten, Beziehungen zu führen und glücklich zu sein. Alles verändert sich. Nehmt euch die Zeit, das Alte gehen zu lassen, das JETZT zu feiern und das Neue zu begrüßen. Wir sind bei euch. Für immer."

Schöne Worte, die beruhigen und das Gefühl vermitteln, tatsächlich nicht allein zu sein. Doch geht es nicht ganz ohne Eigeninitiative. Die Engel sind immer da, keine Frage, aber sie können nur reagieren, wenn wir uns mit ihnen verbinden. Um dies zu ermöglichen, bietet Sonja Ariel von Staden jedem, der möchte, die folgende Übung an:

DER KONTAKT ZU DEINEM SCHUTZENGEL

„Mache es dir gemütlich, finde einen Platz, an dem du eine Weile ungestört bist. Entspanne dich bewusst. Atme einige Male tief in deinen Bauch und fühle, wie du immer ruhiger wirst. Lass die Gedanken wie Wolken vorüberziehen und spüre deinen Körper, deinen Geist, dein gesamtes Sein. Öffne dich jetzt für die Begegnung mit deinem Schutzengel. Öffne dein Herz, öffne deine Sinne. Was nimmst du wahr? Einen Duft, leuchtende Farben? Ein Kribbeln auf der Haut? Musik? Frage deinen Schutzengel, wie du ihn nennen darfst. Der Name, der als Erstes kommt, ist der Richtige. Du kannst deinem Schutzengel Fragen stellen. Höre die Antworten mit deinem inneren Ohr, mit deinem Herzen. Du kannst dich auch liebevoll in die Arme nehmen lassen, wenn du das möchtest. Was auch immer du brauchst, erlaube es dir. Genieße die Anwesenheit und den Kontakt mit deiner Schutzengel-Energie so lange und so oft du willst. Sie ist immer da. Jeder Kontakt bringt dich der Kraft deiner Seele näher und öffnet dich für die Liebe der Quelle, aus der du kommst. Jeder Kontakt ist eine wunderschöne, gefühlvolle Bereicherung für dein Leben."

FRAGEN AN SONJA ARIEL VON STADEN

Liebe Sonja Ariel von Staden, Sie leben seit vielen Jahren mit dem Bewusstsein, dass die Engel Sie begleiten und Ihnen mit Rat und Tat zur Seite stehen. Ihre erste Begegnung hat sie fast umgehauen. Wie war das, was ist da passiert?

Bevor ich meine erste Engelbegegnung hatte, war mein Leben voller Leid, Depression, Krankheit und Schmerz. Denn so, wie ich war – extrem hochsensibel, fragil und willensstark zugleich –, war ich nicht willkommen. Weder in meiner Familie noch bei anderen Menschen, in der Schule oder in der Gesellschaft. Das ließ man mich immer wieder deutlich spüren. Mein ganzes Wesen ist Kreativität, doch das durfte ich nicht ausleben. Ich versuchte, mich anzupassen, doch es machte mich krank. Im wahrsten Sinne. Nach 30 Erdenjahren wollten mein Körper und Geist einfach nicht mehr leben, auch wenn ich verzweifelt versuchte, irgendwie zurechtzukommen.

In meiner dunkelsten, schmerzhaftesten Stunde 2001 nahm ich dann ein Licht wahr, in Form einer leuchtenden Kugel, die mitten in der Nacht in meinem dunklen Zimmer schwebte. Ich war bei klarem Verstand und sah es mit offenen Augen. Ganz real. Ich betrachtete es lange. Es beruhigte mich und schenkte mir ein Gefühl von Frieden und Liebe. Mein Körper entspannte sich, die Schmerzen ließen etwas nach und ich konnte zum ersten Mal seit Wochen tief schlafen. Am nächsten Morgen hatte ich die Kraft, Lösungen für meinen Zustand zu finden und mein neues Leben begann!

Sie haben eine besondere Beziehung zu Erzengel Ariel – warum?

Es ist eine Energie, die mir sehr nahe ist und die mir Kraft für mein Leben schenkt. Erzengel Ariel (übersetzt „Löwe Gottes") ist zuständig für alle Tiere, Haustiere und auch für Umweltschutz. Beides liegt mir sehr am Herzen. Wenn wir ein Problem mit unserem Haustier haben oder auch einfach nur besser mit unserer Katze, unserem Hund etc. kommunizieren wollen, kann Ariel uns dabei helfen, dass wir unsere Tiere verstehen. Ariel steht uns außerdem in Lebenssituationen bei, die mit Schuldgefühlen zu tun haben. Denn er lehrt uns, dass Schuldgefühle ein menschliches Sabotageprogramm sind und dass wir zwar Verantwortung übernehmen sollen für alles, was wir tun, dass wir dies aber mit Liebe und Leichtigkeit tun dürfen. Dann sind wir bei allem, was wir tun, viel entspannter und glücklicher, und das spüren auch unsere Mitmenschen.

Sie sagen von sich, dass Sie ein Engel in Menschengestalt sind. Was machen Sie, was andere Menschen nicht machen?
Für mich ist das Wort „Erden-Engel" eine Bezeichnung für feinfühlige Menschen, die ihr Leben in den Dienst an den Menschen stellen. Mit all ihrer Liebe, ihrem Mitgefühl und dem Wunsch, diese Welt lichtvoll zu gestalten. Viele „Erden-Engel" sind Heiler*innen, Berater*innen und inspirieren die Menschen, endlich in ihre wahre Macht und Kraft zu kommen. Und genau das ist es auch, was ich in meinen Seminaren, Videos und Coachings mache. Auch in meinen täglichen Impulsen in den sozialen Netzwerken. Ich zeige den Menschen, wie sie sich selbst erkennen und welchen Weg sie gehen können. Dann ist es allerdings an ihnen zu handeln und aktiv zu werden.

Was macht einen Engel aus? Wie erkennt man ihn?
Engel sind reine Energie, reines Licht und reine Liebe. Eine besondere Schwingung, die uns umhüllt und nährt, damit wir als Menschen mehr Kraft für all die Abenteuer und Herausforderungen des Lebens haben. Man kann es fühlen, wenn man sich dafür öffnet – wie schon oben in der Übung beschrieben. Jeder Mensch stellt sich Engel anders vor: als Mensch mit Flügeln, als glitzernden Sternenstaub oder auch als die verstorbene Großmutter. Welches Engelbild man auch in sich trägt, es ist genau richtig, weil es im Herzen entsteht. Das ganze Universum ist durchdrungen von der Energie der Engel. Sie sind immer da – für alle Seelen. Doch es gibt eine spezielle Form der Engel, die sich direkt um jeweils eine kostbare Seele kümmern. Einer dieser Engel ist direkt bei dir: dein Schutzengel.

Wenn du Kontakt zu deinem Schutzengel hast, hilft dir dieser Kontakt dabei, mit deiner Seele zu kommunizieren. Das ist die Bestimmung und Motivation der Energie, die wir auf Erden Schutzengel nennen. Diese Energie hüllt dich ein wie ein warmer Mantel im Winter. Sie schenkt dir deutlich und spürbar sehr viel Liebe. Sie respektiert dich genau so, wie du bist. Sie achtet deine Gedanken, dein Wesen, deine Schwächen und Stärken. Sie kennt deinen Lebensplan, denn sie ist direkt mit deinem Seelenkern verbunden.

Mit seinem persönlichen Schutzengel kann man besser sprechen als mit seinem besten Freund. Man kann ihm alles erzählen, seine Ängste und Nöte und auch sein höchstes Glück. Dabei muss man nicht befürchten, beneidet, bewertet oder getadelt zu werden – im Gegenteil. Unser Schutzengel liebt uns genau so, wie wir sind und wünscht sich nichts sehnlicher, als dass wir glücklich sind.

Wofür brauchen wir Engel auf der Erde? Was ist ihre Aufgabe?

In meiner Wahrnehmung sind Engel immer und überall im Kosmos präsent. Sie stehen bereit, uns zu helfen, wenn wir sie einladen, dies zu tun. Wir brauchen sie einfach nur um ihre Unterstützung, ihren Trost und ihre Liebe zu bitten. Dann können wir die zusätzliche Energie, die sie uns schenken, dafür nutzen, uns selbst zu helfen. Die Engel sagen: Glaube an dich und deine unerschöpfliche Kraft. Du kannst eins sein mit allem – auch mit deinem Ego, das der Grund dafür ist, dass du das Abenteuer Leben überhaupt als Mensch erleben kannst. Nur zusammen mit ihm kann deine Seele fühlen, atmen und über die Erde wandeln. Wenn du dich dafür bedanken und dich selbst lieben kannst, diesen Weg gewählt zu haben, wird aus Schatten wieder Licht.

Wie kann man sich Engel vorstellen, sind sie männlich oder weiblich, wie sehen sie aus?

Seit ewigen Zeiten beschreiben die Menschen Engel als lichtvolle Wesen, die Liebe schenken und Botschaften von Gott überbringen. Sie stehen stellvertretend für alle guten Eigenschaften, zu denen Menschen fähig sind. Engel sind eine sehr hochschwingende Energie. Deshalb kann man sie auch nicht mit den normalen menschlichen Sinnen sehen, sondern mit den sogenannten Über-Sinnen, die übrigens jeder Mensch besitzt. Leider haben die meisten Menschen nicht gelernt, diese Sinne zu aktivieren. Engel haben kein Geschlecht. Das ist eine menschliche Vorstellung, die uns dabei hilft, Kontakt aufzunehmen. Wenn man sich einen Engel als Menschen mit Flügeln vorstellt – ein Bild, das seit Jahrtausenden weltweit verbreitet ist –, fällt es leichter, sie als Unterstützung anzunehmen. Jeder Mensch hat seine eigene Art, Engel wahrzunehmen. Wenn man mit einem Engel sprechen möchte oder seine Hilfe braucht, ist es am besten, ihm einen Namen zu geben, der einem richtig erscheint. Es gibt kein Dogma, kein Richtig oder Falsch – es gibt nur das persönliche Empfinden, und nur das zählt!

Wenn Engel kein Geschlecht haben, wie kommt es dann, dass sie durchweg männliche Namen haben, wie Michael oder Gabriel?

Die Namen der großen Erzengel, die im deutschsprachigen Raum meist aus den alten Schriften der Bibel bekannt sind, kommen alle aus dem Hebräischen und enden auf „el". Zum Beispiel werden sie klassisch wie folgt übersetzt: Michael bedeutet „Wer ist wie Gott" und Gabriel bedeutet „Gott ist meine Stärke." Der Name El ist einer der wichtigsten Titel Gottes im Hebräischen.

Im Grunde sind die Engel oft – wie auch verschiedene Tiere – als Gleichnisse und Metaphern für Gott und seine Kräfte genutzt worden, die uns Menschen und der Welt innewohnen. Wie zum Beispiel Liebe, Schutz, Transformation, Heilung etc. Sie sind nicht auf ein Geschlecht bezogen, doch da in der deutschen Übersetzung das Wort „Engel" männlich ist, wurden auch die Namen zu männlichen Namen. Engel sind reine Energie, pure Schwingung. Wir Menschen brauchen jedoch Namen und Bilder, um etwas zu beschreiben und zu benennen. Wenn man mit Engeln in Kontakt geht, ist es egal, wie man sie nennt. Wichtig sind allein der Kontakt und die Freude, die dann wiederum Kraft schenken.

Wie kann man mit Engeln kommunizieren?

Eine Möglichkeit ist die oben beschriebene Übung, die jedem einen ersten Kontakt eröffnen kann. Aber auch durch andere Meditationen, in denen man sich die Begegnung mit seinem Schutzengel vorstellt, kann sich eine Verbindung entwickeln. Man kann seinen Engel alles fragen, ihm alles erzählen. Es mag am Anfang etwas befremdlich sein, mit einer unsichtbaren Engel-Energie zu sprechen. Doch was meinen Sie, wer die unsichtbaren Freunde kleiner Kinder sind, mit denen sie sprechen? Viele

Erwachsene haben als Kinder mit ihrer Schutzengel-Energie geplaudert, bis ein Erwachsener sie zurechtgewiesen und gesagt hat, dass sie aufhören sollen zu träumen und herumzuspinnen.

Natürlich braucht es etwas Übung, um die Antworten seines Engels auf die eigenen Fragen zu verstehen. Doch wer es sich erlaubt, wird schon bald die Gespräche genießen. Die Schutzengel-Energie eines Menschen kennt seinen Seelenplan und somit alle wichtigen Antworten und Ideen, damit man ein glückliches und erfülltes Leben führen kann.

Wo kommen Engel her, waren sie früher auch einmal Menschen?

Nach meiner Wahrnehmung gibt es auch Seelen, die sich entscheiden, als feinstoffliche Wesen in der Frequenz der Engel zu existieren. Andersherum kann sich ein Engelwesen auch entscheiden, als Mensch geboren zu werden. Das sind dann die Erden-Engel, zu denen ich mich selbst zähle.

„Zeit ist eine große Illusion", sagen Sie. Das ist ein Satz, den man schon unzählige Male gehört und gelesen hat, aber nicht wirklich versteht. Was hat Zeit mit uns und den Engeln zu tun?

Alles ist immer JETZT präsent. Ich kann, wenn ich will, in meine Vergangenheit und Zukunft reisen, kann alles zeitgleich wahrnehmen. Doch der menschliche Verstand ist limitiert und kann nur einen winzigen Bruchteil aller Ereignisse erfassen. Deshalb wurde Zeit als Versuch „erfunden", das JETZT, die Ewigkeit, zu verstehen. Für Engel gibt es weder Raum noch Zeit. Deshalb können sie auch sofort ihre Hilfe und Liebe schenken.

Was würden Sie sagen, was ist die Aufgabe von uns Menschen in dieser aktuellen Zeit? Und was die Botschaft/ Aufgabe der Engel für uns Menschen?

Es ist jetzt an der Zeit, dass die Menschen endlich wieder ihre wahre Macht und Kraft erkennen. Dass wir als Menschen erkennen, dass wir das Spiel des Lebens vor unserer Ankunft auf der Erde gewählt haben, um Erfahrungen zu machen, die wir hier selbst erschaffen. Wir sind Teil des Ganzen, des Göttlichen, der großen Einheit, von der wir uns einst

bewusst getrennt haben, um auf der Erde das Spiel der Polarität zu er-
leben. Wenn wir endlich erkennen, dass wir aus dem Gefühl des Ge-
trennt-Seins wieder in die Einheit zurückkehren können, während wir
jetzt leben, können wir eine neue Welt erschaffen: voller Respekt, Acht-
samkeit, Frieden und Freude. Eine Welt der Gemeinschaft und des Lich-
tes. Dabei helfen uns die Engel, wenn wir es ihnen erlauben.

WASSERMANNZEITALTER UND MAYA-KALENDER

SURFEN AUF DER WELLE DER ZEIT

Die Mayas – ein Klang, der nachhallt! Dieses fast schon sagenumwobene Volk, das um die Halbinsel Yucatán zwischen 500 und 900 n. Chr. seine kulturelle Blütezeit erlebte, fasziniert noch heute die ganze Welt. Neben den einzigartigen Tempelbauten und Stufenpyramiden in Chichén Itza, Yaxchilan und Palenque ist es vor allem der wiederentdeckte Maya-Kalender, für den sich die Menschen rund um den Globus interessieren. Für viele allerdings auch ein Buch mit sieben Siegeln, denn der Kalender besteht aus rätselhaften Zyklen, die für Laien erklärungsbedürftig sind.

Elisabeth Kappacher aus Seekirchen beschäftigt sich seit gut 25 Jahren mit dem Tzolkin-Maya-Kalender. Sie sagt: „Der wieder entdeckte Kalender der alten Mayas bringt uns eine wunderbare Ergänzung zur Astrologie. Wer seine Rhythmen kennt, kann auf der Welle der Zeit surfen und sein Leben glücklich und erfolgreich gestalten."

Elisabeth Kappacher

Elisabeth Kappacher wurde am 19. Februar 1964 in Salzburg im Zeichen des Wassermanns geboren. Bedingt durch eine schwere Krankheit wandte sich die gelernte Bilanzbuchhalterin bereits 1989 alternativen Heilmethoden zu. Neben Ausbildungen, unter anderem als Aura-Soma-Lehrerin, Reiki-Meisterin und Prana-Healer, beschäftigt sich Elisabeth Kappacher seit eben dieser Zeit auch mit der klassischen Astrologie. 1996 trat mit der Geburt ihres Sohnes die Energie des Maya-Kalenders in ihr Leben. Die Wirkung der Siegel im Alltag war bis dahin völlig unerforscht. Angetrieben von ihrem Wissensdrang beobachtet sie bis heute die Wirkung und Anwendung der Zeitrechnung der Mayas, deren Kalender und seine Bedeutung für den Menschen. Dabei liegt der Fokus besonders auf der Urenergie der Siegel und wie diese das Denken und Handeln des einzelnen Menschen lenken. Im Zusammenspiel mit der klassischen Astrologie entsteht auf diese Weise ein Bild, das für die jeweilige Person charakteristisch ist. Elisabeth Kappacher geht es bei ihren Forschungen stets „um das persönliche Feld, die Seele des Menschen". Ihr Dauerbrenner „Mein Maya-Tagebuch" will Menschen eine Hilfestellung für jeden einzelnen Tag des Jahres geben. „Indem man die Energie des Tages nutzt, statt unbewusst gegen den Strom zu schwimmen, gestaltet sich das Leben wesentlich leichter. Man versteht das berühmte ‚Warum'", sagt sie. In ihrem Zentrum in Seekirchen bei Salzburg und digital bietet sie Seminare zum Maya-Kalender, Maya-Horoskope und die Verbindung mit der klassischen Astrologie an.

Elisabeth Kappacher überprüfte den Maya-Kalender, bevor sie von ihm überzeugt war, auf ihre ganz persönliche Weise. „Als ich im Jahr 1996 zum ersten Mal vom Maya-Kalender hörte, war ich fasziniert und skeptisch zugleich. Deshalb führte ich über viele Jahre ein ausführliches Tagebuch, um zu sehen, ob die Ereignisse in meinem Leben wirklich mit jenen Wirkenergien übereinstimmten, welche die Mayas den einzelnen Tagen und Zyklen zusprachen. Weil ich selbsterfüllende Prophezeiungen ausschließen wollte, durchforstete ich auch alte Tagebücher, die bis zu zehn Jahren zurücklagen. Dabei stieß ich auf Unglaubliches: So fanden zum Beispiel alle acht England-Flüge, die ich für meine Aura-Soma-Ausbildung buchte, unter dem gleichen KIN, d. h. der gleichen

Tagesenergie, statt. Außerdem waren es auch immer die gleichen Konstellationen unter denen ich krank wurde, unter denen persönliche Katastrophen über mich hereinbrachen und anderes mehr."

„Auf diese Weise", so Elisabeth Kappacher, „habe ich erfahren, mit welchen Energien ich lernen musste, anders umzugehen, sodass mir diese nicht länger gefährlich werden konnten. Ich habe auch gelernt, wie man berufliche und private Projekte so in den Rhythmus der Zeitqualitäten einbettet, dass sie zum Erfolg führen. Mein Leben und das Leben der Menschen, die ich berate, ist auf diese Weise sehr viel authentischer und harmonischer geworden. Ich bin unendlich dankbar, dass ich dieses Wissen erhalten habe und weitergeben darf."

Hier klingt schon an: Der Maya-Kalender ist mehr als „nur" eine andere, gut praktikable Form von Astrologie. Die Basics sind einfach erklärt: Den Mayas zufolge gibt es 20 Archetypen, die sogenannten Siegel, die in ihrer Abfolge die Entwicklung eines Menschen von der Zeugung bis zur höchsten Reife seines Menschseins (oder eines Projektes von der ersten Idee bis zur Verwirklichung in der Materie) nachzeichnen – vom „roten Drachen" (der schöpferischen Urkraft) bis hin zur „gelben Sonne" (der Vollendung).

Diese 20 Siegel entsprechen sehr unterschiedlichen Qualitäten, wie wir es zum Beispiel auch von den Sternzeichen kennen. Jedes Siegel hat seine Eigenschaften und fordert von uns einen Lernprozess und bietet gleichzeitig einen hilfreichen Entwicklungsprozess an.

Jeder Tag wird von einer fixen Siegelkombination energetisiert. Wenn man die Tagesqualität der Siegel kennt, kann man die angebotene Energie nutzen, um auf der Welle der Zeit zu surfen, statt gegen den Strom zu schwimmen. Das bedeutet, wenn man krank ist und einen Tag mit angebotener Heilenergie nutzt, regeneriert sich der Körper optimal. Doch dazu später mehr.

Der Maya-Kalender bietet uns vier Farben an:

- rot – aktives Tun, etwas beginnen, Wachstum, Freiheit, Reisen
- weiß – Logik, lernen, analysieren, loslassen, Liebe, Magie
- blau – Ruhe, Erholung, Kreativität, spirituelle Entwicklung
- gelb – intensive Eigenentwicklung.

DIE FÜNF KIN-FAMILIEN

Wenn wir nun die 20 Siegel durch vier Farben teilen erhalten wir fünf Kin-Familien (Siegelkombinationen mit bestimmten Energien und Aufgaben), welche aus vier Siegeln bestehen und den Grundlernprozess im Leben jedes Menschen formen. Es ist hilfreich, die eigene Kin-Familie zu kennen und dadurch das Grundmuster im Leben zu verstehen. Diese Kin-Familien sind:

- Die Pionier-Familie (Drache, Weltenüberbrücker, Affe, Krieger) initiiert die innovativen und kreativen Prozesse der Menschheit. Geduld ist ihr fremd, Wettbewerb treibt sie zu Höchstleistungen. Bewegung ist geradezu essenziell, da sie dadurch ihre Energien aktivieren kann. Sie sind ideenreich und können gut loslassen, wenn etwas unstimmig ist. Meist sind die Menschen dieser Familie mutig und willensstark.
- Die Workaholic-Familie (Wind, Hand, Mensch, Erde) zeichnet sich durch ihr hilfreiches Wesen aus. Sie liebt die Arbeit und sieht oft, was zu tun ist, bevor man sie darum bittet. Ihnen geht es gut, wenn es ihrem Umfeld gut geht. Wichtig für sie ist es, „Nein" sagen zu lernen, wenn sie „Nein" fühlen. Denn dann endlich gelingt es ihnen auch, für sich selbst zu sorgen. Menschen dieser Familie lernen und lesen gerne. Sie lieben die Natur und haben oft heilende Hände.
- Die Genuss-Familie (Nacht, Stern, Himmelswanderer, Spiegel) bringt Fülle und Harmonie unter die Menschen. Sie lebt häufig im Mangel (Ich möchte etwas …), statt die Fülle, die ihr Geburtsrecht ist, wahrzunehmen, sich umzudrehen und die Sichtweise zu ändern. Mit sehr viel Klarheit gesegnet, erkennt sie die Ursachen von Problemen und haben Lösungsmöglichkeiten zur Hand. Sie liebt es zu reisen und zu dekorieren. Eine Herausforderung ist für sie, mit Disharmonien umzugehen und sich zu äußern, wenn etwas unstimmig ist, anstatt um des lieben Friedens willen zu schweigen.
- Die Heiler-Familie (Same, Mond, Magier, Sturm) ist direkt mit Magie verbunden, dem Erkennen magischer Lösungen – sowohl

für Projekte als auch für Heilweisen. Sie braucht mehr Pausen, um sich zu regenerieren. Sie rebelliert gegen Grenzen oder Machtthemen. Sie liebt das Neue, die Magie des Anfangs. Menschen dieser Familie bleiben am Ball, bis der Same aufgegangen und den Kinderschuhen entwachsen ist. Eine Herausforderung für sie ist es, „langweiliges Gießen", Hegen und Pflegen der Projekte durchzuhalten, dem Reiz des Neuen zu widerstehen und sich die Ernte wert zu sein, statt diese zu vergessen.

- Die Perfektionisten-Familie (Schlange, Hund, Adler, Sonne) will in unendlicher Liebe für alle da sein und helfen, stolpert dabei aber mitunter über ihren Perfektionismuswahn. Menschen dieser Gruppe treiben sich selbst viel zu sehr an. „Es kann immer noch besser werden", lautet ihre ungeschriebene Regel. Besonders hohe Maßstäbe legen sie vor allem für sich selbst an. In persönlich wichtigen Bereichen kann es nie perfekt genug sein. Ein Leben lang sind die Vision, die Suche nach der eigenen Aufgabe, das „Warum bin ich hier?", die spirituelle Entwicklung und das persönliche Wachstum zentrale Themen. Hilfreich für sie ist es, Eigenliebe zu entwickeln, um frei vom eigenen Erwartungsdruck leben zu können.

Die 20 Siegel haben, abgesehen von der persönlichen Lernaufgabe, allgemein gültige Aufgaben. So kann jeder die Energie der Siegel nutzen, wenn man sie hilfreich im Alltag anwenden möchte. Jedes Siegel hat „seine" Welle, seinen 13 Tage dauernden Wirkzeitraum. Das ist ein Zeitabschnitt, welcher 13 Tage (13 „Töne") umfasst, wobei der erste Tag jeder Welle das allgemein gültige Wellenthema vorgibt. Eine Welle kann man mit unserer Woche vergleichen, nur dass sie hier 13 statt sieben Tage dauert. Daraus ergeben sich 260 Kombinationen aus „Siegel" und „Ton" (sogenannte Kins). Dieser Zyklus von 20 Wellen à 13 Tagen, der sogenannte Tzolkin, bildet den Grundstein der Maya-Zeitrechnung.

EIN JAHR IM MAYA-KALENDER UMFASST 260 TAGE

Jeder Mensch ist an einem der möglichen 260 Tage geboren. Das Geburts-Kin und seine Eigenschaften sind mit dem Atem verbunden. Dies bedeutet, dass die Tagesenergie ein Leben lang in jeder Sekunde präsent ist, sozusagen den Urton der Persönlichkeit bildet. Hier ist die Schnittstelle zur klassischen Astrologie bemerkenswert. Durch die Geburt hat sich die Seele eine der 260 möglichen Siegelkombinationen gewählt und damit die zugehörige Kin-Familie und Aufgabe im Gefüge der Menschheit.

Um ein Bild zu zeigen: Stellen Sie sich ein Haus vor. Wenn es gebaut wird, hat es vier tragende Außenmauern. Jede Mauer steht für ein Siegel der eigenen Kin-Familie. Das Geburts-Kin ist der Grund und Boden, auf dem das Haus steht. Alles andere, worum wir uns im Alltag kümmern – die Räume, die Wandfarben und Inneneinrichtung, der Strom, das Wasser, die Kleidung, die Nahrung – gehören zum Themenbereich der klassischen Astrologie und sind damit wesentlich sichtbarer als die Grundfesten des Lebens, die tragenden Mauern.

Stellen Sie sich einfach vor, jedes Lebensjahr fordert den Lernprozess einer Mauer:

- Die rote Mauer steht für ein aktives Lebensjahr, Wachstum, mehr Energie als in den anderen drei Jahren.
- Die weiße Mauer symbolisiert ein liebevolles Lern-Jahr, in dem man die Impulse des Vorjahres analysieren und ordnen kann.
- Die blaue Mauer beinhaltet ein spirituelles Jahr der inneren Entwicklung mit wenig aktiver Energie und fordert daher mehr Pausen, um heil zu werden.
- Die gelbe Mauer schließlich bildet den Schlusspunkt: Sie treffen Entscheidungen, in welche Richtung Sie sich weiterentwickeln möchten, um dann im folgenden aktiven roten Jahr dies voll Freude in die Tat umzusetzen.

Der größte Zyklus, den der Maya Kalender im persönlichen Bereich anbietet, ist ein 13-Jahre-Zyklus. Jede der vier Hausmauern ist quasi einmal Chef für 13 Jahre. Nehmen wir diese 13 Jahre und multiplizieren sie mit den vier Farben, dann ergibt das 52 Lebensjahre. Ein sehr wichtiger Lebensabschnitt bei jedem Menschen, denn alle Möglichkeiten (Kombinationen) sind jetzt einmal gelebt und gelernt worden.

DAS 53. LEBENSJAHR

Jetzt beginnt das unendlich wertvolle 53. Lebensjahr mit der Wiedereinspielung der Lebensaufgabe, die Rückkehr zum Geburts-Kin. Optimal ist es, wenn wir uns bewusst entscheiden, wie wir diese zweite Lebenshälfte verbringen, welche Aufgaben wir erfüllen wollen. Aber auch unbewusst entscheiden wir uns jetzt oft für eine bestimmte Richtung in unserem Leben. Wenn der eingeschlagene Lebensweg mit der Inkarnationsaufgabe übereinstimmt, passiert gar nichts, denn dann passt alles. Nicht selten kommt es aber in dieser Zeit zu einer mächtigen Korrektur, zu einem Umbruch, zur allgemein bekannten Midlife-Crisis, wenn man nicht das tut, was im Geburts-Kin verankert ist, was sozusagen die Inkarnationsaufgabe ist, welche man mit der Geburt gewählt hat. Es ist das wertvollste Jahr im Leben eines jeden Menschen und prägend für die zweite Lebenshälfte. Hier bietet der Maya-Kalender eine Riesenchance, sich bewusst den persönlichen Lernprozessen zu stellen. Jeder Mensch kann dieses 53. Lebensjahr fühlen und wie es intensiv mit den eigenen Wurzeln verbindet und die zweite Lebenshälfte prägt.

Auf der persönlichen Ebene wirkt die Kenntnis dieser Zusammenhänge als Werkzeug und Spiegel. Elisabeth Kappacher baut ihre Beratungen auf das Zusammenspiel von klassischer Astrologie mit den Wirkenergien und Aufgaben im Leben aus der Sicht des Maya-Kalenders auf: „Wenn es mir an bestimmten Tagen besonders schlecht geht, stehen diese Tage energetisch wahrscheinlich mit früheren Tagen oder Jahren in Verbindung, als ich traumatische Erlebnisse hatte. Die gleiche Zeitqualität macht die alte

Wunde also wieder sichtbar. Zugleich ist es zu solchen Zeiten aber auch besonders leicht, sie zu heilen. Weitere schmerzhafte Erfahrungen können wir von vornherein vermeiden, wenn wir verstehen, welche Themen gerade für uns ‚dran‘ sind. Dann können wir auf der Welle der Zeit surfen, anstatt dagegen anzukämpfen."

Elisabeth Kappacher bietet mit ihrem Buch „Mein Maya-Tagebuch" ein besonders hilfreiches Werkzeug, um die eigenen Muster und Gewohnheiten durch Mitschreiben wahrzunehmen und zu lösen. Das Tagebuch umfasst 260 farbige Seiten, um den Bezug zu der Energie der Zeiträume (die 13 Tage dauernden Wellen) sofort sichtbar herzustellen. Vor jeder Welle gibt es ein Deckblatt, das die Energie der Welle beschreibt. Unterschieden werden 20 Wellen (= Themen), die sich alle 260 Tage wiederholen. Auf diese Weise erhält man die Chance, die angebotene Tagesenergie zu studieren und aktiv zu nutzen.

Um Projekte unseres alltäglichen Maßstabs zum Erfolg zu führen, empfehlen die Maya-Experten vor allem, den Verlauf der jeweiligen „Welle" und des „Tzolkin" zu beachten. Elisabeth Kappacher: „Es gibt eine Zeit, um etwas zu beginnen, eine Zeit, um es durchzuführen, und eine Zeit, um es abzuschließen."

01 Rote Drachenwelle	Hier legt man fest, was man neun Monate lang machen, womit man sich beschäftigen möchte. Im Sinne von Projektmanagement ist es sozusagen die Startwelle, um etwas erfolgreich zu beginnen.
02 Weiße Magierwelle	Magische Hilfe und Zufälle
03 Blaue Handwelle	Konkrete Hilfe, Heilwelle, handeln
04 Gelbe Sonnenwelle	Weiterentwicklung. Was will man erreichen?
05 Rote Himmelswandererwelle	Die Freiheit, den eigenen Weg zu gehen

06 Weiße Weltenüberbrückerwelle	Loslassen, was hinderlich ist, Muster lösen
07 Blaue Sturmwelle	Heilung und Regeneration
08 Gelbe Menschenwelle	Weiterentwicklung: Wo stehe ich, wo will ich hin?
09 Rote Schlangenwelle	Wachstum. Was ist Illusion, was ist realisierbar?
10 Weiße Spiegelwelle	Reine Verstandeswelle, logische Überlegungen
11 Blaue Affenwelle	Spaß, Leichtigkeit, Kreativität, Seele baumeln lassen
12 Gelbe Samenwelle	Weiterentwicklung, Wachstum und Werbung
13 Rote Erdenwelle	Zeit, das Umfeld wahrzunehmen, das Feedback
14 Weiße Hundwelle	Liebe leben, geben, fühlen
15 Blaue Nachtwelle	Mangel in Fülle wandeln, Fülle berührt das Leben
16 Gelbe Kriegerwelle	Weiterentwicklung, für sich selbst einstehen, kämpfen
17 Rote Mondwelle	Blockaden lösen, den Durchbruch schaffen
18 Weiße Windwelle	Aktueller Stand und Überlegungen, wie das Projekt gelaufen ist
19 Blaue Adlerwelle	Vision, Inkarnationsaufgabe
20 Gelbe Sternwelle	Weiterentwicklung, Harmonie, Urlaub, Ruhe und die Entscheidung treffen, welches neue Projekt in der bevorstehenden Drachenwelle gestartet werden soll.

Das Tagebuch umfasst sechs Jahre, um sich selbst im Rhythmus der Wellen zu beobachten. Man trägt am Tag das ein, was man in 260 Tagen noch wissen möchte. Dies kann ein Gefühl sein,

ein Anruf, ein Unfall, ein Wohnungswechsel, ein Ereignis und vieles mehr. Zusätzlich stellt uns Elisabeth Kappacher auf ihrer Homepage www.mayaweg.at die Möglichkeit zur Verfügung, jedes beliebige vergangene Datum in eine Kin-Nummer umzurechnen. In jedem Leben gibt es große Ereignisse, wie zum Beispiel die eigene Hochzeit. Gibt man beispielsweise das Hochzeitsdatum ein, dann erhält man eine bestimmte Kin-Nummer. Dort findet sich unter der Rubrik „früher" Platz für den Eintrag. Wenn das Kin aktiv ist, wäre das der perfekte Zeitpunkt für einen wunderbaren Abend zu zweit.

Blicken wir noch einmal auf die Muster und Gewohnheiten, auf die Krankheiten im Leben. Auch diese Daten sammeln sich durch Mitschreiben oder durch Errechnen der Kin-Nummer eines vergangenen Datums auf wenigen Seiten. Sie werden überrascht sein, wie oft das gleiche Ereignis in der gleichen Welle eingetragen wird! Dann beschäftigen Sie sich mit dem zugrundeliegenden Thema des Zeitraumes, erkennen die Ursache und werden die Lösung des Musters finden.

„Wenn man die Zusammenhänge kennt", so Elisabeth Kappacher, „dann weiß man auch, dass, ganz gleich was passiert, immer das Richtige geschieht. Durch die Kenntnis des Maya-Kalenders und der Beachtung der Tages-Energien wird es möglich, größere Probleme zu vermeiden. Dieses Bewusstsein gibt Gelassenheit. Es ist von großem Wert, zu wissen, an welchem Punkt man steht und welche Jahre in direktem Bezug zu den aktuellen Ereignissen und Lernaufgaben stehen."

DER TAG AUSSERHALB DER ZEIT

In jedem Jahr gibt es einen ganz besonderen Tag, nämlich den vor dem eigenen Geburtstag. Elisabeth Kappacher nennt ihn den „Grünen Tag" – ein Tag frei von Prägungen und Aufgaben, ein Tag nur für sich selbst. „Es ist weniger wichtig, wie man den Tag verbringt, sondern was man dabei empfindet", so Elisabeth Kappacher. „Stellen Sie sich einen Rucksack vor. In diesen packen

Sie alle Ihre Gefühle von Ihrem ‚Grünen Tag'. Dann tragen Sie diesen Rucksack 364 Tage und können ihn am nächsten Grünen Tag ablegen und neu füllen. Dieser Tag bildet die Basisenergie für jeden Tag des kommenden Lebensjahres."

FRAGEN AN ELISABETH KAPPACHER

Liebe Elisabeth Kappacher, du sagst, wenn man 20 Wellen à 13 Tagen, also insgesamt 260 Tage durchlaufen hat, dann wiederholt sich der gleiche Rhythmus. Was bedeutet das für mein Leben? Kann es passieren, dass dieselben Dinge, Ereignisse, Glücksfälle, Störungen, Probleme wieder auftreten und durchlaufen werden?

Das ist sogar sehr wahrscheinlich. Eine Schwangerschaft dauert 260 Tage (neun Monate) und so ist dies ein ganz natürlicher Zyklus, in dem sich etwas entwickelt. Sogar ich staune nach 25 Jahren immer wieder über die unglaublich genaue Synchronizität des Lebens, welche im Maya-Tagebuch sichtbar wird.

Kannst du ein konkretes Beispiel aus dem Weltgeschehen nennen?

Ja, nehmen wir die Ereignisse um das World Trade Center, mit dem Kin 251.

Hier gab es unter demselben Kin bereits am 26. 2. 1993 das Bombenattentat im World Trade Center.

- *7 x 260 Tage später, vom 2. 11. 1998 bis 14. 11. 1998: Anthrax-Fall in den USA*
- *3 x 260 Tage später, vom 2. 12. 2000 bis 3. 1. 2001: Bush wird 43. Präsident der USA und Powell erklärt in seiner ersten Rede massive Schritte gegen den Terrorismus zu unternehmen.*
- *260 Tage später, am 11. 9. 2001: Einsturz World Trade Center, Angriff Pentagon, Anthrax-Fälle*
- *260 Tage später, 30. 5. 2002: Quasi am Tag danach war die große Trauerfeier auf diesem Platz. Die Aufräumarbeiten nahmen 260 Tage in Anspruch.*

- *260 Tage später, am 15. 2. 2003: Weltweite Friedensdemonstrationen, um dieser mächtigen Energiefolge endlich einen Gegenpol entgegenzusetzen.*

Wie kann ich das Tagebuch dazu nutzen, um immer wiederkehrenden Ereignissen auf die Spur zu kommen? Du sagst, „durch Aufschreiben", aber brauche ich dafür nicht einen langen Atem, d. h. viele 260 Tage, in denen ich mich selbst beobachte? Gibt es einen Trick, um das schneller zu bewerkstelligen bzw. mir schneller auf die Schliche zu kommen?

Indem man vergangene Ereignisse in Kin-Nummern umrechnet und in den Kalender einträgt. Je mehr Daten man sammelt, umso schneller erhält man ein Ergebnis. Und ja – der lange Atem ist wirklich notwendig für effizientes Erkennen und Lösen der eigenen Muster und Gewohnheiten.

Ich nutze meine Einträge immer für die Planung von künftigen Ereignissen. Ich schreibe beispielsweise einen Kurs aus, an einem Tag, wo bereits ein früherer erfolgreich verlief. Oder ich bleibe zu Hause und bin dankbar an dem Tag, an dem ich fast bei einem Verkehrsunfall ums Leben gekommen wäre. Auch wenn ich jemanden kennen lerne, sehe ich mir die Energie, also das betreffende Kin dieses Tages genau an und vergleiche es mit dem, was mir dieses Kin zu früheren Zeiten im Leben gezeigt hat.

Tun sich manche Kin-Familien leichter, etwa die Perfektionisten-Familie und manche schwerer, wie etwa die Drachen-Familie?

Ja, stimmt, die Perfektionisten-Familie tut sich am leichtesten, alles aufzuschreiben und nachzuverfolgen. Am schwersten tut sich die Drachen-Familie – erstens wegen ihrer Ungeduld, aber auch durch ihren direkten Zugang zur Seele, zum inneren Kind. Es würde ihr Leben einschränken, erst nachzusehen und dann zu entscheiden. Aber sie schafft es, ich habe keine Ahnung wie, exakt den Eintrag zu machen, den sie zwei Jahre später braucht. Sie nimmt intuitiv das Buch, wenn ihr danach ist.

Warum ist das 53. Lebensjahr so wichtig für jeden Menschen?

Durch die Wiedereinspielung der Lebensaufgabe sind die Ereignisse des Lebensjahres prägend für die zweite Lebenshälfte. Man sollte bewusst und achtsam wählen, was man wirklich machen möchte und was der eigenen Seelenaufgabe entspricht.

Das Geburts-Kin, also eine beliebige Zahl zwischen 1 und 260, an der ich geboren bin, ist der Ur-Ton der Persönlichkeit, also das, was mich ausmacht. Wie kann es gelingen, diesen Ur-Ton, also mein wahres Ich, wahrzunehmen?

Es gibt die Möglichkeit, dies regelmäßig bewusst wahrzunehmen, wenn alle 260 Tage das Geburts-Kin aktiv ist. Du kannst diesen Tag dazu nutzen, dich selbst zu spüren. Ich liebe es zum Beispiel, diesen Tag mit Wasser zu zelebrieren. Durch Wärme und Wohlfühlen, zum Beispiel mit einem schönen Bad, kann man sich an die Geborgenheit in der Gebärmutter erinnern und entspannt wahrnehmen, wo man steht und wohin man möchte, wie der nächste Schritt im Leben aussehen soll. Auch darf ein Glas Prosecco und ein genüssliches Essen an diesem Tag bei mir nicht fehlen … Mach auch du, was immer dir besonders wohltut, achte auf Zufälle und fühle deine persönliche Essenz.

Was war dein größtes Erlebnis, deine wichtigste Erkenntnis, die du selbst durch die Arbeit mit dem Maya-Tagebuch gewonnen hast?

Das war meine Heilung! Ich wurde mit einer leicht schnappenden, luxierenden Hüfte geboren. Diese wurde weder bei meiner Geburt erkannt noch später, als ich laufen lernte. Je älter ich wurde, umso mehr begleitete mich bei Schritt und Tritt ein latenter Schmerz in der Hüfte, der auch beim Schlafen nicht aufhörte. Noch bevor ich volljährig wurde, empfahlen mir Ärzte, ein künstliches Hüftgelenk einsetzen zu lassen. Gleichzeitig informierten sie mich auch darüber, dass ich zeit meines Lebens immer wieder ein neues künstliches Hüftgelenk brauchen würde. Das war für mich eine schreckliche Vorstellung und so ließ ich mich nicht operieren.

Eines Nachts passierte es dann: Meine Hüfte luxierte im Schlaf, d. h. sie hatte sich komplett ausgerenkt. Die Schleimbeutel schwollen so sehr an, dass ich mit dem Notarzt ins Krankenhaus gefahren werden musste. Ich bekam Cortisonspritzen und musste wochenlang auf Krücken gehen. Als ich 21 Jahre alt wurde, beschloss ich, einen alternativen Weg zu gehen. Besonders half mir Akupunktmassage, Akupressur und Muskelaufbau. Doch der latente Schmerz blieb und begleitete mich auch die nächsten 17 Jahre.

Mittlerweile hatte ich neben den vielen alternativen Wegen, die ich gegangen bin, unter anderem auch Zugang zum Maya-Kalender erhalten. Dieser faszinierte mich so sehr, dass ich begann, jeden Tag eine Art Kalender zu führen. In den schrieb ich, was mir passierte, wie ich mich fühlte, ob es ein guter oder schlechter Tag war und vieles mehr.

Am 8. Juni 2002 (Kin 1) startete ich ein mentales Projekte, das der Beginn eines neuen Lebens werden sollte. Da ich überzeugt von der Wirkung intensiver Affirmationsarbeit bin, begann ich 300 bis 1000 Mal pro Tag den Satz „Ich bitte um Hüftverschiebung" zu sagen, zu denken und zu fühlen – und ihn täglich 21 Mal aufzuschreiben. Darüber hinaus befestigte ich überall in meiner Wohnung Post-its mit dem Satz. Das machte ich täglich von Kin 1 bis Kin 78.

Wichtig zu wissen: Es gibt in dem 260-Tage-Rhythmus des Maya-Kalenders nur einen einzigen Zeitraum, in dem man ein gestartetes Projekt abbrechen kann. Nämlich in der Zeit zwischen Kin 66 und Kin 78. Es ist der Zeitraum, in dem man sich fragt, ob man genug Zeit für sein Projekt hat, ob man es verwirklichen will, um dann bis Kin 260 weiter daran zu arbeiten. Kin 66 bis Kin 78 ist die Weltenüberbrückerwelle. Das zentrale Thema dieser Welle heißt: „Loslassen" – von was auch immer – und gilt für jeden Menschen. Es ist die Überprüfungszeit, ob man sein Projekt wirklich durchziehen möchte.

Am 24. August 2002 („zufällig" 78 Tage nach dem Projektstart) hatte ich einen schweren Unfall. Mein Becken war blau, aber heil. Fortan bat ich den lieben Gott um Verzeihung, entschuldigte mich bis Kin 260 für meine Vermessenheit, in seinen Willen eingreifen zu wollen, und nahm dankbar den latenten, nie schwindenden Schmerz hin. Ich war einfach glücklich, weiter gehen zu können.

Dreimal 260 Tage lang passierte gar nichts. Ich hatte mein eigenes Heilungsprojekt ja bewusst beendet und vergessen. Am 30. Juni 2005 (Kin 78) fiel ich zuhause beim Mistkübel entleeren die Treppen *hinunter. Ich schrie vor Schmerz! Ich wollte aber keinen Krankenwagen rufen. Stattdessen ließ ich mir meine Tagebücher mit den Aufzeichnungen bringen. So ein schwerer Sturz hat in jedem Fall etwas zu bedeuten, das war mir klar. Dem wollte ich auf den Grund gehen. Der Blick in meine Tagebücher brachte dann Klarheit: Es war Kin 78 und ich sah sofort den Eintrag vier Zeilen vorher: Jetzt wusste ich, es hatte mit meinem Projekt, der Bitte um Hüftverschiebung zu tun! Ich rief meinen hochgeschätzten Chiropraktiker an und dieser kam sofort und auch an den folgenden Tage zu mir. Er massierte mich und brachte die Bandscheiben in ihre neue Position.*

Die Sturmwelle, ab Kin 79, brachte als Thema Zellregeneration. Es war schmerzhaft, aber ich hielt durch – trotz Hochsommer und Hitze. Nach 14 Tagen konnte ich schon halbwegs wieder normal gehen. So beschloss ich, die paar Schritte zum See zu wagen und mich auf das Wasser zu legen. Der reine Wasserauftrieb brach den frisch verheilenden Bruch erneut auf. So holte mich die Rettung aus dem Wasser. Eine anschließende Röntgenaufnahme offenbarte einen doppelten Steißbeinbruch, der geradestand und am Zusammenheilen war. Welches Wunder!

Vier Jahre lang machte ich Übungen, vor allem für die Zwischenrippenmuskulatur und den Bauchbereich, um alles zu stabilisieren. Ich konnte schmerzfrei gehen und schlafen! Heute kann ich jeden Sport treiben, den ich möchte, und das ganz ohne Schmerzen. Meine Krücken habe ich längst entsorgt. Ohne das Maya-Tagebuch hätte ich diesen Zusammenhang, diese göttliche Fügung, niemals richtig erkannt und entsprechend gehandelt.

Nun noch eine abschließende Frage: Warum ist Kin 78 im Maya-Kalender so wichtig?

Die Zahl 78 bzw. der Tag 78 im Maya-Kalender ist eine unfassbar wichtige Schnittstelle. Die Aura-Soma-Flasche B78 steht für „Stirb und Werde". Mit der Geburt dieser Flasche ist Vicky Wall, die Begründerin von Aura-Soma, gestorben.

Es gibt 78 Tarot-Karten (Kabbalah) – ein klares Ende, um auf einer neuen Ebene zu beginnen.

Meine Wiedergeburt mündet in die 1 oder in die 79. Elisabeth (36) und Kappacher (43) = 79.

$7 + 8 = 15$, die Zahl, die mit Werten und Urteilen verbunden ist, dem zentralen Thema meiner Kin-Familie.

Dies alles brachte mich zu der Entscheidung, diese unendlich wertvolle Zeit der Zellregeneration ab November 2021 mit Menschen zu teilen, gemeinsame Heilarbeit zu leben, meine Fähigkeiten zu nutzen. Es war schon immer meine Vision für die Sturmwelle. Doch es dauerte, bis ich mich auf allen Ebenen so gesund fühlte, dass ich diese kostbaren Tage nicht mehr nur für mich, für meinen Urlaub, verwendete, sondern für möglichst viele Menschen, die dies möchten.

WASSERMANNZEITALTER UND TRANSFORMATION

QUANTENHEILUNG

*„Das Universum ist mehr als die Summe seiner materiellen Teile –
die Quantenphysik entdeckt wieder, was die Mystik aller Zeiten
immer behauptet hat: die integrative Rolle des Bewusstseins im
sogenannten physikalischen Universum."*

(Eberhard Sens in: „Am Fluss des Heraklit")

Mit Energiearbeit und Quantenheilung beschäftigt sich seit vielen Jahren Nistara Brigitte Rothfischer. Sie sagt: „Dank eines all-einen, all-umfassenden Bewusstseins sind wir Menschen als hochschwingende geistige Wesen in der Lage, die Grenzen von Raum und Zeit zu überschreiten."

Nistara Brigitte Rothfischer

Nistara Brigitte Rothfischer wurde am 01. Oktober 1966 in Nürnberg im Sternzeichen Waage geboren. Als Kind verträumt und fest an ein Sein jenseits des Materiellen glaubend – „Mama, schau mal, die Pflanzen leuchten!", „Ich war schon mal hier!" –, verschlang sie früh jegliche Lektüre über Nahtoderfahrungen. Ein tiefer Lebenseinschnitt kurz vor der Pubertät kehrte die analytisch-materielle Seite nach oben, gekennzeichnet unter anderem durch die Beschäftigung mit Astronomie und Astrophysik. Studiert hat sie dann allerdings lieber Finnougristik,

Sprachwissenschaften und Völkerkunde in München, nur um im Berufsleben dann beide Passionen – Sprache und Naturwissenschaft – als Luftfahrtjournalistin zu vereinen. Ein erneuter Bruch im Leben führte in ihren Mittvierzigern zur Neu- und Rückorientierung: Sie beendete ihre Karriere in der Luftfahrt und die damit verbundenen Reisen rund um den Globus. Es folgte die Erinnerung an alte Gewissheiten, bereichert durch Erfahrung und unstillbare Neugier auf das Leben dies- und jenseits des Fassbaren. Dies, gepaart mit einer misstrauischen Skepsis nach dem Vorbild eines ungläubigen Thomas, sorgte für einen Weiterbildungsmarathon.

Eine Ausbildung zur Geistheilerin und fast zeitgleich zum Quantum-Energy-Transformations-Coach, gefolgt von der Ausbildung zur fortgeschrittenen Hypnotiseurin, zwei Reiki-Graden, einer Weiterbildung zum Reconnective Healing Foundational Practicioner, der Ausbildung zur Astrologin sowie die weitere Vertiefung ihrer Kenntnisse über Quantenheilung, systemische Aufstellungsarbeit und noch mehr Astrologie führten zur Gewissheit: „Wir alle sind als hochschwingende geistige Wesen dank eines all-einen, all-umfassenden Bewusstseins in der Lage, die Grenzen von Raum und Zeit zu überschreiten", sagt Nistara Rothfischer.

„Vor zehn Jahren hätte ich jeden, der mit dieser Aussage um die Ecke gekommen wäre, stumpf einweisen lassen. Heute schenke ich jedem, der einen anderen Menschen aufgrund dieser Aussage einweisen lassen will, mein Mitgefühl", sagt Nistara Rothfischer. Der Name Nistara kommt übrigens aus dem Sanskrit und bedeutet so viel wie „Vergeltung" im Sinne von „Geben und Nehmen".

In ihrer Praxis – on- und offline – arbeitet Nistara Rothfischer nach einem ganzheitlichen Ansatz, der Astrologie, Hypnose und Energiearbeit (hauptsächlich in Form von Quantenheilung) miteinander verbindet. Besonders wichtig ist es ihr, die Klientinnen – ihre Zielgruppe sind ausschließlich Frauen – im familiären, privaten und beruflichen Bereich zu beraten und ihnen darüber hinaus eine Perspektive für den weiteren Lebensweg zu geben. Auf den folgenden Seiten erklärt Nistara Rothfischer das Phänomen der Quantenheilung.

WAS HAT QUANTENHEILUNG MIT QUANTEN ZU TUN?

Wir alle sind als hochschwingende geistige Wesen dank eines all-einen, all-umfassenden Bewusstseins in der Lage, die Grenzen von Raum und Zeit zu überschreiten. Diesen Satz lesen Sie jetzt bereits zum dritten Mal? Lesen Sie ihn ruhig noch einmal und noch einmal. Lassen Sie ihn in Ihr Hirn, in Ihr Herz und in Ihr Bewusstsein einsickern. In Ihr Sein und in Ihre Essenz. Wenn Sie diesen Satz annehmen können, dann wissen Sie, was Quantenheilung ist. Das bedeutet nicht, dass Sie Quantenheilung jetzt auch verstehen. Fast niemand versteht Quantenheilung und kaum jemand weiß, was wirklich dabei geschieht. Geschweige denn, wie man es rational erfassen kann. Fest steht nur, dass etwas geschieht.

Der Ursprung dieser Methode ist viele tausend Jahre alt. Wo sie zuerst praktiziert wurde, ob in Indien, China oder auf Hawaii, lässt sich heute nicht mehr feststellen. Tatsächlich gibt es aber fast nichts, was man mit Quantenheilung nicht in Harmonie bringen könnte. Ob Gesundheit, Gefühle, Beziehungen, mangelnden Geldfluss, einen unbefriedigenden Job, unsere Nahrung, Pflanzen oder Tiere – die Möglichkeiten sind grenzenlos, so wie unser Bewusstsein. Und das Beste: Jeder kann es! Quantenheilung ist eine Methode, um die Selbstheilungskräfte zu aktivieren, und zwar in allen Bereichen des Lebens.

DIE „ZWEI-PUNKT-METHODE"

Quantenheilung wird unter vielen Namen praktiziert: Quantum Energy, Quantum Entrainment, Matrix Inform, Quantenweg, Quantenfeld-Transformation usw. Sie alle basieren auf der „Zwei-Punkt-Methode". Und die geht so: Man verschränke zwei Punkte miteinander, setze einen Impuls und lasse geschehen. „Bei der Quantenheilung fließen keine Energien, Quantenheilung geschieht", sagt auch Fei Long, die Autorin des Buches „Quantenheilung leicht gemacht".

Die physikalischen Ansätze dahinter finden sich unter anderem im sogenannten Doppelspalt-Experiment, bei dem Elektronen durch eine ansonsten undurchlässige Wand mit zwei parallel nebeneinander angeordneten senkrechten Spalten gelenkt werden. Sie werfen an einem dahinterliegenden Detektor, der die ankommenden Partikel registriert, ein Muster, das es eigentlich nicht geben dürfte: Die Physiker erwarteten, dass das Anordnungsmuster den beiden Spalten, durch die die Elektronen geschossen wurden, entsprechen, d. h. in Streifenform stattfinden würde. Doch weit gefehlt! Subatomare Teilchen führen – wie man mittlerweile weiß – ein Eigenleben, eine Art Parallel-Existenz.

Und so fanden die Forscher zu ihrer großen Überraschung kein Abbild der beiden Spalten in Form zweier parallel verlaufender senkrechter Streifen vor, sondern ein Überlagerungsmuster (Interferenzmuster), das typisch für Wellen ist. Licht oder Wasser beispielsweise bilden ein derartiges Interferenzmuster.

Unzählige Wiederholungen in unterschiedlichsten Versuchsanordnungen lieferten immer wieder das gleiche Ergebnis: Jedes einzelne Elektron verhielt sich auf seinem Weg durch die Doppelspaltwand nicht wie ein Teilchen, sondern wie eine Welle, die durch beide Spalte hindurchlief und ein Interferenzmuster auf der Detektoroberfläche abbildete.

Doch es sollte noch rätselhafter werden. Die Physiker wollten wissen, durch welchen der beiden Spalte die Elektronen auf ihrem Weg zur Detektorwand nun wirklich wanderten. Sie installierten also eine Kamera vor der Zwischenwand, um den Weg der einzelnen Elektronen durch den einen oder anderen Spalt zu verfolgen. Doch in dem Augenblick, in dem die einzelnen Elektronen von der Kamera erfasst worden waren, verhielten sie sich nicht mehr wie eine Welle, sondern wie Teilchen. Sie schlugen das Abbild der beiden Spalte in Form zweier paralleler Streifen in den Detektor. Wurde die Kamera ausgeschaltet, produzierten sie wieder das Interferenzmuster. Offensichtlich wollten sie sich nicht in die Karten blicken lassen. (Eine unterhaltsame Beschreibung dieses Experiments findet man übrigens auf YouTube: „Dr. Quantum erklärt das Doppel-Spalt-Experiment").

SPUK IM MULTIVERSUM

Für das physikalische Phänomen, dass ein Teilchen offensichtlich gleichzeitig durch zwei Spalte driften konnte, fand sich die abstrakte mathematische Beschreibung der Wellenfunktion. Allein die Anwesenheit eines Betrachters, in diesem Falle der Kamera, ließ die Wellenfunktion des Elektrons kollabieren: Aus der diffusen Welle entstand ein „richtiges" Elektron. Der deutsche Physiker Werner Heisenberg, Pionier der Quantenmechanik, schloss unter anderem daraus, dass Dinge erst dann real werden, wenn sie beobachtet werden. Solange sie nicht beobachtet werden, befinden sie sich in einer sogenannten Quantensuperposition. Dies ist der gleichzeitige Zustand von zwei oder mehreren sich gegenseitig ausschließenden Möglichkeiten.

Doch zurück zur „Zwei-Punkt-Methode". Verschränkt man nun also zwei oder mehrere Zustände – oder Teilchen – miteinander, koppelt sie also, erhält man ein Ganzes, das sich über eine Wellenfunktion beschreiben lässt. Wenn die beiden miteinander verschränkten Teile getrennt und an verschiedene Orte gebracht werden, zeigen sie, obwohl nur eines der beiden Teilchen einen Impuls erhält, absolut zeitgleich dieselbe Reaktion. Im Klartext: Ganz gleich, wie weit man Teilchen A und Teilchen B voneinander trennt, ob einen Meter, 100 Kilometer oder quer durchs Universum – in dem Moment, in dem man etwas an Teilchen A verändert, spürt dies auch Teilchen B und gleicht sich an diese Veränderung wie ein Zwilling an. Albert Einstein bezeichnete dieses Phänomen einst als „spukhafte Fernwirkung". Ein Effekt, der in jüngster Zeit auch von dem Schweizer Physiker Nicolas Gisin hinlänglich bewiesen wurde.

PARALLEL-WELTEN ODER: DAS UNIVERSUM SPALTEN

Gemäß der Quantenmechanik bedeutet die gleichzeitige Existenz zweier oder mehrerer sich gegenseitig ausschließender Möglichkeiten in der Wellenfunktion nichts anderes, als dass sich, sobald sich eine Möglichkeit (durch Beobachtung) realisiert, das Universum spaltet. Es teilt sich auf in zwei voneinander getrennte Universen, in denen jeweils eine von beiden oder mehreren Möglichkeiten parallel nebeneinander existieren. Die sich daraus ableitende Theorie unendlichfacher Multiversen ist für den menschlichen Verstand schwer greifbar, aber mathematisch beweisbar.

Für Kindsköpfe mit Entscheidungsschwäche gibt es übrigens die kostenlose iPhone-App „Universe Splitter". Es reicht, zwei zur Debatte stehende Möglichkeiten einzugeben. Die App verbindet sich daraufhin mit einem Labor in der Schweiz. Dort gibt es ein Quantengerät, das ein einzelnes Photon auf einen teilweise reflektierenden Spiegel sendet. Das Photon wird gleichzeitig vom Spiegel reflektiert und fliegt durch ihn hindurch. Anschließend misst das Gerät, ob das Photon reflektiert wurde oder nicht. Dadurch verschränkt es sich mit beiden Möglichkeiten. Das bedeutet, dass sich die unteilbare Möglichkeitswelle von allem, was ist, verzweigt und dadurch zwei nebeneinander existierende Universen kreiert werden. In beiden Universen teilt die App dem Fragenden dann mit, in welchem Zweig der beiden Multiversen er sich befindet. Ein ziemlich cooler Spaß!

ALLES IST MIT ALLEM VERBUNDEN

Alles, was im uns bekannten Universum Materie ist, besteht aus Molekülen, Atomen, und schließlich den kleinsten Elementarteilchen in unterschiedlichen Zusammensetzungen und Zuständen: Bei Kraft- und Strahlungsfeldern handelt es sich dabei um Quanten (beispielsweise Photonen, Gravitonen, Magnonen), bei Materie um Leptonen und Quarks – winzige Energiewölkchen in unterschiedlich angeregten Zuständen.

Auch Sie selbst, der Stuhl, auf dem Sie sitzen, das Buch, das Sie gerade lesen, Ihr Smartphone, auf dem Sie die neue App ausprobieren, bestehen aus diesen schwingenden, vieldimensionalen, angeregten Objekten, also aus kleinsten Energiebündeln. Sie sind zusammengesetzt aus unendlich vielen Möglichkeiten, die in einer Wellenfunktion beschrieben werden können, und vernetzt mit allem, was ist.

Sie können Ihre Aufmerksamkeit auf ein beliebiges Objekt lenken. Im Augenblick Ihrer Beobachtung realisiert sich damit eine von unendlich vielen Möglichkeiten: Ihr Universum spaltet sich, Ihre Wirklichkeit trennt sich von den unendlich vielen potenziellen anderen Wirklich- und Möglichkeiten ab. Und das geschieht einzig durch Ihr Bewusstsein, das sich wie ein Scheinwerfer auf eine bestimmte Möglichkeit richtet. Materie verschwindet nicht. Alles, was jemals existiert hat und existieren wird, befindet sich im Kosmos, um uns herum und genau deswegen können wir darauf zugreifen. Wenn uns das bewusst wird, dann wissen wir, dass wir vollkommene Wesen sind.

Jeder Mensch ist mit mehreren Systemen verbunden: mit Eltern, Freunden, Schulkameraden, Arbeitskollegen, im Verein tätig. Darüber hinaus aber auch mit dem Ursprung allen Lebens und Seins im Universum. In den Genen steckt noch die Erinnerung an die Ursuppe, in der sich vor Milliarden Jahren die ersten Einzeller entwickelt haben. Und die Bausteine, aus denen der menschliche Organismus besteht, ist Sternenstaub, der irgendwann am Beginn von Raum und Zeit, kurz nach dem Urknall, entstanden ist. Auf diese Weise ist jeder mit allem verbunden, was ist. Was man sich selbst antut, tut man gleichzeitig allem an, was ist. Nichts lässt einen unberührt. Deswegen sollten wir empathischer mit uns selbst und unseren Mitmenschen sein. Über unsere Verbindung mit allem, was ist, haben wir die Möglichkeit, die Welt jeden Tag ein bisschen besser zu machen.

Durch das Bewusstsein und aufgrund der subatomaren Bestandteile ist der Mensch mit dem multidimensionalen Raum verbunden. Gleichzeitig ist man durch die physikalischen Bedingungen in der uns bekannten grobstofflich-materiellen Welt an die vierdimensionale Raumzeit gebunden. Dennoch entscheidet sich jeder in jeder Sekunde des Lebens zu irgendetwas und spaltet somit das Multiversum fortwährend auf. Im Multiversum sind sämtliche Möglichkeiten vorhanden. Sobald man seine Aufmerksamkeit auf eine richtet, holt man diese in die Realität.

WAS IST BEWUSSTSEIN?

Ihr Bewusstsein ist immer da, immer wach. Leider bemerken Sie es selten, denn der Verstand, das Ego, befindet sich gewöhnlich dominant im Vordergrund. Ihr Bewusstsein können Sie nicht finden, und es fällt Ihnen wahrscheinlich erst dann auf, wenn Sie bemerken, dass Sie gerade absolut nichts wahrgenommen haben. Es ist die Ruhe im Sturm und der Fels in der Brandung, eine allumfassende Liebe in der absoluten Stille des Nichts. Kurzum: Ihr wahres Sein, Ihre Essenz, das, was weder zerstört noch gestört werden kann. Sie sind darin im Raum zwischen zwei Gedanken, in der Spanne unendlicher Aufmerksamkeit, in der nichts geschieht. Es ist Ihr natürlicher Zustand, angebunden an alles, was ist. In gewisser Weise ist Ihr Bewusstsein alles, was ist, und gleichzeitig ist es ein Teil davon.

Wenn Sie den Zustand reinen Bewusstseins erfahren und genießen wollen, ist es am einfachsten, das im Rahmen einer geführten Meditation zu tun. Haben Sie es einmal erfahren, ist es leicht, sich immer wieder in diesen bewussten Zustand zu versetzen. Sie wissen dann, wie er sich anfühlt, welche stille Heiterkeit und Kraft er Ihnen beschert und dass er untrennbar Ihr eigentliches Wesen ist. Bewusstsein ist keine Achtsamkeitsübung, es ist Ihre wahre Natur und die Essenz in und von allem, was ist. Diesen natürlichen Zustand, in dem Sie einfach nur sind, nutzen Sie in der Quantenheilung. Mit den folgenden Übungen können Sie sich als „Quantenheiler" versuchen. Je öfter Sie die Übungen machen, desto besser werden Sie, desto größer ist auch der Erfolg.

ÜBUNG 1

In einer kleinen Übung können Sie sich selbst beweisen, was alleine Ihre Aufmerksamkeit, Ihr Geist, bewirken kann. Stellen Sie sich hin, die Füße hüftbreit auseinander. Strecken Sie Ihre Arme waagrecht nach rechts und links zur Seite aus. Und dann drehen Sie den Oberkörper nach links hinten um, so weit es geht. Ihre Knie und Hüften bleiben dabei fest und drehen sich nicht mit. Beobachten Sie an der Wand hinter sich, bis zu welchem Punkt Ihre linke Hand zeigt. Merken Sie sich diesen Punkt und drehen Sie sich zurück. Schließen Sie nun die Augen und gehen Sie die Bewegung in Ihrer Vorstellung noch einmal durch. Drehen Sie sich nur in Ihrer Vorstellung nach links hinten um, bis zu dem Punkt, den Sie vorher mit Ihrer linken Hand erreicht haben. Und dann drehen Sie sich im Geiste noch ein Stückchen weiter. Gehen Sie in Ihrer Vorstellung wieder in die Ausgangsposition zurück. Und wiederholen Sie die Übung im Geiste noch zwei weitere Male. Jedes Mal drehen Sie sich in der Vorstellung ein bisschen weiter nach hinten und erreichen mit Ihrer Hand einen Punkt, der noch weiter nach hinten versetzt liegt. Öffnen Sie jetzt wieder die Augen. Und dann wiederholen Sie die Übung wirklich. Sie breiten die Arme aus und drehen Ihren Oberkörper nach links hinten um, so weit es geht. Wie viel weiter als beim ersten Versuch kommen Sie jetzt? Fünf Zentimeter? Zehn? Gar 15? Etwa noch mehr?

DIE DREI PS – POSITIV, PRÄSENT, PRÄZISE

Wenn das alleine Ihr Vorstellungsvermögen bewirken kann, wie viel mehr muss dann erst möglich sein, wenn Sie reine Essenz sind, reines Bewusstsein? Wenn Sie alleine durch Ihre Aufmerksamkeit zwei Dinge miteinander verschränken, einen Impuls setzen und den Dingen dann ihren Lauf lassen? Nehmen wir an, Sie haben eine verspannte Schulter. Der Muskel ist ziemlich hart, und es tut weh, wenn Sie fest darüber massieren. Fühlt sich das gut an? Vermutlich nicht. Wie unangenehm ist es denn, auf einer Skala von 1 bis 10? Und wie soll es sich stattdessen anfühlen? Wenn Sie nur sagen: „Es soll nicht wehtun!", richten Sie Ihre Aufmerksamkeit auf den Schmerz. Sie wollen aber Entspannung. Also formulieren Sie es auch so, nämlich positiv, klar und in der Gegenwart. Sagen Sie: „Der Muskel ist entspannt." Möglich wäre übrigens auch: „Die Schulter ist entspannt." Oder: „Der Muskel ist weich und locker." In diesen Sätzen ist alles enthalten, was ein klarer Impuls, eine Absicht braucht: die drei Ps. Sie formulieren **positiv**, **präsent**, also in der Gegenwart, und **präzise**, also eindeutig.

ÜBUNG 2

Nehmen Sie sich zehn bis 15 Minuten Zeit. Setzen Sie sich jetzt aufrecht hin, beide Füße stehen nebeneinander auf dem Boden. Berühren Sie dann mit den Fingern einer Hand den verspannten Schultermuskel. Legen Sie einfach Zeige- und Mittelfinger auf Ihre Schulter. Was fühlen Sie? Wie fühlt sich die Körperstelle an? Richten Sie Ihre komplette Aufmerksamkeit auf die Stelle unter Ihren Fingern. Wie warm ist es, wie hart fühlt sich der Muskel an, wie die Haut? Wie ist der Stoff des Kleidungsstücks, das auf der Haut liegt? Nehmen Sie mit allen Sinnen einfach nur wahr. Legen Sie dann zwei Finger der anderen Hand auf eine andere Körperstelle, beispielsweise auf Ihren Oberschenkel. Wie fühlt sich das an? Sie beobachten jetzt nur die Finger der anderen

Hand und die entsprechenden Wahrnehmungen. Dann richten Sie ihre Aufmerksamkeit auf die Finger beider Hände. Alles, was Sie jetzt wahrnehmen, ist das, was Sie mit Ihren Fingern spüren. Auch, wenn Geräusche an Ihr Ohr dringen oder Eindrücke an Ihr Auge – Sie konzentrieren sich ausschließlich auf die Eindrücke und Wahrnehmungen Ihrer Finger. Sie verschränken gerade zwei Punkte Ihres Körpers miteinander. Ihre Finger bleiben, wo sie sind. Tun Sie Ihre Absicht kund, also setzen Sie den Impuls. Und dann gehen Sie in Ihren natürlichen Zustand. Lassen Sie Ihre Aufmerksamkeit, Ihre Wahrnehmungen los und betreten Sie die Sphären reinen Bewusstseins. Sie werden feststellen, dass in diesem Moment etwas fließt. Es ist der Moment, in dem Heilung geschehen kann, in dem die Dinge in ihren idealen Zustand zurückfließen und Materie sich neu formieren kann.

Versuchen Sie, den Zustand reinen Bewusstseins aufrechtzuerhalten bzw. gehen Sie immer wieder in diesen Zustand hinein. Sie werden spüren, wann es genug ist. Vielleicht wird Ihnen leicht schwindelig. Vielleicht nehmen Sie ein Zucken in der Schulter oder im Muskel wahr. Oder Sie schwanken in Ihrem Sitz hin und her, eventuell fallen Sie auch leicht nach hinten. Lassen Sie es geschehen und genießen Sie. Es fühlt sich gut an. Und dann prüfen Sie, wie sich Ihre Schulter jetzt anfühlt. Auf der Skala von 1 bis 10: Wie unbequem ist es noch? Wie bequem?

HEILUNG GESCHIEHT

Es kann auch sein, dass Sie nichts spüren. Aber zwei Stunden später fällt Ihnen vielleicht auf, wie angenehm locker sich Ihre Schulter anfühlt. So leicht, als ob eine Last weggenommen worden sei. Heilung geschieht nicht unbedingt dort, wo wir sie gerne haben wollen. Vielleicht erhoffen Sie sich Linderung von Schmerzen. Aber was während einer Sitzung mit der „Zwei-Punkt-Methode" wirklich gelindert wird, ist möglicherweise auch ein seelischer Druck, der sich als Verspannung auf Ihren physischen Schultern ausgewirkt hat.

Es sind nicht wir, nicht unser Verstand, nicht unser Ego, das entscheidet, was geschieht. Verstand und Ego agieren nur auf der untersten, gröbsten Stufe. Das Ego entscheidet, ob ein Outfit cool oder der Beruf prestigeträchtig ist. Verstand, Liebe und Erfahrung lehren, die eigenen Kinder behutsam auf das Leben vorzubereiten. Gedanken und Gefühle lassen uns einen anderen Menschen küssen oder ablehnen. Aber es ist das reine Bewusstsein, das die Dinge ins Gleichgewicht bringt. Im Falle des Bewusstseins ist es nun allerdings so, dass es nicht an die hiesigen physikalischen Gesetze gebunden ist. Es ist ein Zustand, ein Phänomen jenseits der Raum-Zeit, die unsere stoffliche Welt begrenzt. Dieses Sein fließt überall und wirkt endlos. Es ist quasi ein Perpetuum mobile, dessen Energie niemals abnimmt und das ewig Neues gebiert.

Warum das so ist? Wie eingangs erwähnt, wir wissen es nicht, wir sehen lediglich, dass Heilung geschieht. Wir entscheiden auch nicht, was Heilung wirklich ist, beziehungsweise auf welcher Ebene sie erfolgt. Wir dürfen die Verantwortung komplett abgeben, zurücktreten und geschehen lassen. Was wirkt, sind nicht wir, sondern das allumfassende, unendliche Bewusstsein – mit dem wir alle verbunden sind.

ÜBUNG 3

Wenn es irgendetwas gibt, das Ihnen Unwohlsein bereitet, dann dürfen Sie das jetzt auspacken. Bevorzugt wäre das ein Statement dieses miesen kleinen Teufelchens, das übrigens jedem Menschen hinter dem Ohr sitzt und das Ihnen regelmäßig unter die Nase reibt, was Sie nicht können, nicht sind, nicht haben oder nicht dürfen. Sitzen Sie? Gut. Denken Sie jetzt an eines dieser Statements, das Sie besonders schmerzt. Holen Sie es aus den Tiefen Ihrer Erinnerung nach oben. Wann hat es Sie zuletzt getroffen? Behindert? Sie so eingeschüchtert, dass Sie es, um was auch immer es ging, gar nicht mehr versucht haben? Gehen Sie rein in diese Situation, in dieses Gefühl. Spüren Sie ihm mit aller

Aufmerksamkeit nach, auch wenn es weh tut. Wo spüren Sie es? Am Körper? In der Nähe des Körpers? Nehmen Sie es wahr. Und ordnen Sie es auf der schon bekannten Skala zwischen 1 und 10 ein. Formulieren Sie eine Absicht, wie sich dieses Gefühl, diese Situation stattdessen zeigen soll. Und wenden Sie sich wieder dem Gefühl zu, bis Sie es mit Haut und Haaren spüren. Lassen Sie es nun einfach stehen und begeben Sie sich jetzt in Ihre Essenz, in das Bewusstsein. Betrachten Sie das Gefühl beziehungsweise die Überzeugung, die dahintersteht, aus Ihrem Zustand reinen Bewusstseins. Sie werden beobachten, wie dieses Gefühl zu verblassen und sich aufzulösen beginnt. Erinnern Sie sich, wo, in, am oder in der Nähe des Körpers, Sie diese Überzeugung gespürt haben. Legen Sie Ihre Hand dorthin – ja, auch in die „Luft", wenn das die Stelle ist, wo Sie das hindernde Element fühlen – und nehmen Sie wahr. Suchen Sie nun mit der anderen Hand am, auf oder in der Nähe des Körpers eine Stelle, die zu der anderen passt. Sie werden es fühlen. Konzentrieren Sie sich dann auf die andere Hand und auf das, was Sie fühlen. Konzentrieren Sie sich auf beide Hände, setzen Sie Ihre Absicht – und überlassen Sie sich Ihrer Essenz, diesem Zustand reinen Bewusstseins. Lassen Sie los. Lassen Sie geschehen und genießen Sie. Wie fühlen Sie sich jetzt? Wo auf der Skala ordnen Sie die Schwere des Statements jetzt ein?

SPALTEN SIE IHR UNIVERSUM!

Wenn Sie noch nicht viel Übung in der Quantenheilung beziehungsweise „Zwei-Punkt-Methode" haben, fällt es Ihnen zunächst vielleicht ein wenig schwer, an ihre Ergebnisse zu glauben. Sie werden vielleicht permanent nachprüfen wollen, ob und wo Sie Linderung verspüren. Stellen Sie sich vor, Sie bestellen etwas online und rufen den Händler dann mehrmals am Tag an, um nach Ihrer Bestellung zu fragen. Das wird die Lieferung nicht beschleunigen, sondern eher dazu führen, dass er Sie künftig als Kunden streicht. Oder Sie pflanzen einen Blumensamen, den Sie täglich wieder ausgraben, nur weil Sie wissen wollen, ob der Same endlich keimt. Sehr wahrscheinlich wird das Gegenteil passieren und das Pflänzchen geht ein. Auf die Quantenheilung übertragen bedeutet dies: Es ist nicht nur wichtig, den Zustand des reinen Bewusstseins zu üben, sondern auch den des Vertrauens.

Kinder haben damit übrigens gar kein Problem. Sie gehen vorbehaltlos an die Wunder des Lebens heran, und sie werden sich als dankbare Empfänger Ihrer Quanten-Künste erweisen. Die „Zwei-Punkt-Methode" ist ein Geschenk, das Sie anderen Menschen machen können, und sie lässt sich absolut problemlos bei Kindern anwenden. Sie können nichts falsch machen, denn in ihrer Essenz, im Zustand reinen Bewusstseins, geschehen die Dinge einfach und ganz ohne Ihr Zutun. Kinder haben übrigens auch kein Problem damit, ihre Essenz zu erfahren. Sie sind, ebenso wie Sie selbst, ja ständig darin, aber sie sind sich dessen viel öfter bewusst. Sie geben sich dem Fluss des Lebens ganz natürlich hin.

Seien Sie also ein bisschen wie ein Kind, vor allem, wenn ich Ihnen abschließend erzähle, dass Sie mit der Quantenmethode, im Zustand reinen Bewusstseins, Zugriff haben auf alles, was ist. Auch auf Eigenschaften oder Fähigkeiten, über die Sie selbst nicht zu verfügen glauben. Aber diese Eigenschaften sind ja im Feld um Sie herum vorhanden, im Bewusstsein von allem, was ist. Und Sie können diese Fähigkeiten gewissermaßen abgreifen, Sie können sie mittels der Quantenheilung in sich selbst integrieren und vertiefen.

Konzentrieren Sie sich für den Anfang, wenn Sie mögen, auf eine Fähigkeit, die Sie gerne vertiefen möchten. Erspüren Sie, wo um Sie herum die Energie wahrnehmbar ist. Ertasten Sie sie mit der Hand, suchen Sie mit der anderen Hand einen passenden Punkt im Raum, formulieren Sie Ihre Absicht – in diesem Falle eben integriert oder vertieft – und lassen Sie im Bewusstsein des Möglichseins aller Möglichkeiten einfach los. Spalten Sie Ihr Universum – Probieren geht über Studieren!

WASSERMANNZEITALTER UND TIERE

„Wenn sie atmen, leben sie.
Wenn sie leben, fühlen sie.
Wenn sie fühlen, lieben sie.
Wenn sie lieben, haben sie eine Seele."

Dieser Spruch stammt von US-Prediger Adam Daniel Williams (1861–1931), der schon als Kind eine enge Beziehung zu Tieren aller Art hatte und für verstorbene Katzen, Hunde oder Pferde eine Predigt hielt. „Tiere haben sicher eine Seele, alles Lebendige hat eine Seele", sagt auch der bekannte Benediktinermönch Anselm Grün.

Dass Tiere eine Seele haben und fühlen können, ist für all jene, die schon einmal mit einem Hund, einer Katze, einem Hasen zusammengelebt haben, keine Frage. Ein Tier schenkt uns Vertrauen, Liebe und viele fröhliche Momente. Tiere können uns zum Lachen bringen und eine trostlose Situation in Heiterkeit verwandeln. Sie machen das Leben reicher und leichter, nicht zuletzt auch dadurch, dass sie unsere kindliche Seite zum Schwingen bringen und uns zum Spielen animieren. Die gemeinsamen Spaziergänge, etwa mit dem Hund, tun Tier und Halter gut. Beide profitieren nicht nur von der Bewegung, sondern auch von den sozialen Kontakten, die sich daraus ergeben können.

Tiere können weitaus bessere Gefährten sein als Menschen, auch darin sind sich viele Tierhalter einig. Tiere, mit denen wir zusammenleben und die wir in der Regel auch deshalb als vollwertige Mitglieder unseres Hausstandes ansehen, haben unseren Respekt verdient und ein Recht darauf, gut behandelt zu werden. Tiere sind genauso spirituell angelegt wie Menschen. So kann beispielsweise eine Reiki-Behandlung bei Tieren ebenso für den Fluss der universellen Lebensenergie sorgen und Beschwerden heilen wie bei uns. „Gerade bei Tieren lassen sich große Erfolge mit Reiki erzielen", sagt Reiki-Lehrerin Barbara Simonsohn (siehe Kapitel Wassermannzeitalter und Bewusstsein – Das Authentische Reiki). Auch größere Beschwerden, wie Koliken bei Pferden oder Hustenattacken bei Hunden, lassen sich mit Hilfe von Reiki nicht nur lindern, sondern auch heilen. Und sogar als Sterbehilfe und zum Abschiednehmen von Tieren kann das Handauflegen Wunder wirken. Barbara Simonsohn erzählt: „Eine Berner Sennenhündin, die an Krebs litt, bekam von ihrer Besitzerin jeden Tag eine Ganzkörperbehandlung. Sie wurde dabei immer ganz ruhig und schien keine Schmerzen mehr zu haben. Eines Tages schlief sie dann friedlich ein."

Dass Tiere dem Menschen ebenbürtig sind, davon ist auch der Theologe Rainer Hagencord überzeugt. Er ist Subsidiar in der Heilig-Kreuz-Gemeinde in Münster und leitet als katholischer Priester und Biologe das Institut für Theologische Zoologie. Bei der Eröffnung des DVG-Vet-(Deutsche Veterinärmedizinische Gesellschaft) Kongresses 2016 in Berlin empörte er sich zunächst über den Satz, dass „Menschen eine Würde haben und Tiere einen Wert". Seine Kernaussage: „Es ist Unsinn einen Graben zwischen Mensch und Tier zu ziehen. Tiere haben ein Bewusstsein!"

Wegbereitend war in dieser Hinsicht auch der Schweizer Kapuzinerpater Anton Rotzetter, (1939–2016). Er setzte sich als Mitbegründer des Instituts für Theologische Zoologie Münster ebenfalls für die Würde der Tiere ein. Er sagte: „Die Seele ist ein Bestandteil des leibhaft existierenden Menschen. Und hier gibt es keine Unterschiede zwischen den Tieren, den Pflanzen; das ist der Hauch Gottes, der in der Schöpfung lebt!"

„Niemals fand ich Menschenliebe, wo keine Tierliebe war.
Wer das Leben wahrhaft respektiert, respektiert auch das Tier,
denn das Leben wurde uns beiden von Gott geschenkt."
Prof. Konrad Lorenz, Nobelpreis für Medizin 1973 (1903–1989)

„Es gibt keinen objektiven Grund für die Annahme, dass menschliche Interessen wichtiger seien als tierliche."

Bertrand Russell, Mathematiker und Philosoph,
1950 Nobelpreis für Literatur (1872–1970)

KOMMEN TIERE IN DEN HIMMEL?

Das ist eine Frage, die Kinder gerne stellen. Pater Rotzetter sagte einmal dazu: „Es ist Gott, der Schöpfer des Himmels und der Erde, und was er schafft, das vernichtet er nicht einfach wieder, das wirft er nicht einfach weg, sondern alles wird er auf irgendeine Weise, die wir jetzt nicht beschreiben können, in die Endgültigkeit seines Glanzes, in die Fülle des Lebens hineinheben."

Bemerkenswert war auch ein Gottesdienst aus Glauberg in der Wetterau, zu dem ausdrücklich auch Tiere eingeladen waren. Im dort entstandenen „Glauberger Bekenntnis" heißt es:

„Wir bekennen vor Gott, dem Schöpfer der Tiere,
und vor unseren Mitmenschen:
Wir haben als Christen versagt,
weil wir in unserem Glauben die Tiere vergessen haben.
Wir waren als Theologen nicht bereit,
lebensfeindlichen Tendenzen in Natur, Naturwissenschaft und Philosophie
die Theologie der Schöpfung entgegenzuhalten.
Wir haben den diakonischen Auftrag Jesu verraten
und unseren geringsten Brüdern, den Tieren, nicht gedient.
Wir hatten als Pfarrer Angst,
Tieren in unseren Kirchen und Gemeinden Raum zu geben.
Wir waren als Kirche taub
für das Seufzen der misshandelten und ausgebeuteten Kreatur."

Dieses Bekenntnis wurde von mehr als 400 Theologen aller Konfessionen unterzeichnet.

WENN TIERE STERBEN

Wenn unsere geliebten Haustiere von uns gehen, dann hinterlässt das eine große Lücke, und wir trauern genauso stark wie um
einen Menschen. Der Spruch „Es ist doch nur ein Tier" vermag
Menschen, die um ihr Tier trauern, in keinster Weise zu trösten.
Stirbt ein Mensch, ist es selbstverständlich, dass wir eine Grab-
rede halten und eine Trauerkarte schreiben. Das Gleiche für ein
Tier zu tun, ist in unserer Gesellschaft noch nicht so verankert.
Doch auch hier tut sich etwas. So gibt es Menschen, die sich genau das zur Lebensaufgabe gemacht haben. Eine davon ist Franziska Lüttich aus Oberbayern.

Franziska Lüttich

Franziska Lüttich wurde am 18. Juni
1961 im Zeichen Zwilling in Hamburg geboren. Nach der Mittleren
Reife und höheren Handelsschu-
le machte sie eine Ausbildung zur
Industriekauffrau. Ihre besondere
Beziehung zu Tieren und zum Tod
begann schon sehr früh im Alter
von acht Jahren, als ihr geliebter Wellensittich Peppi durch
einen Unfall im Haus starb. Es folgten Rennmäuse, Ze-
brafinken, Farbmäuse, Meerschweinchen und 1996 dann
der erste Hund: die Alaskan-Husky-Hündin Wonda. Im
Jahr 1999 machte Franziska Lüttich eine Ausbildung als
Hundetrainerin, eröffnete 2001 die „Mensch-mit-Hund-
Schule" und arbeitete in diesem Beruf bis 2013. Heute be-
treibt sie eine Hundepension mit „Familienanschluss". Franziska Lüttich erklärt: „Die Hunde leben gemeinsam mit
uns im Haus und dürfen auch im Garten spielen. Nachts,
oder wenn wir mal nicht da sind, sind sie aber immer im

Haus." Gemeinsam mit ihrer Frau hält Franziska Lüttich auch eigene Hunde, die sie aus süd- und osteuropäischen Tierheimen zu sich aufnehmen.

Seit ein paar Jahren arbeitet Franziska Lüttich zudem als Trauerrednerin und ausgebildete Trauerbegleiterin. So steht sie auch Menschen bei, die ein Tier verloren haben. Durch ihre Nachrufe auf Tiere und ihre einfühlsame Begleitung gibt sie den Trauernden Trost und Kraft, den Verlust heilsam zu verarbeiten. Sie sagt: „Der Tod gibt allem erst einen Sinn. Wir sollten jeden Tag mit unseren Lieben – ob Mensch oder Tier – so gut wie möglich nutzen und genießen."

FRAGEN AN FRANZISKA LÜTTICH

Liebe Frau Lüttich, Sie sind Trauerrednerin für Menschen und seit einiger Zeit auch für Tiere?

Eigentlich habe ich schon seit vielen Jahren für meine verstorbenen Tiere kleine Nachrufe geschrieben, zuerst für meine Alaskan-Hündin Wonda, die 2009 starb. Diese Nachrufe habe ich dann auf Facebook gestellt und mit anderen Community-Mitgliedern geteilt. Ich habe einfach meine Erinnerungen aufgeschrieben, alles, was das Tier ausgemacht hat. Der Auslöser, dies dann auch in größerem Rahmen zu machen, war der Tod unseres geliebten Hundes Suerte (spanisch = „Glück") im November 2020. Suerte war ein Podenco, ein spanischer Jagdhund. Er starb ganz plötzlich mit zwölf Jahren an einem Lungentumor – ein Schock! Suerte war ein besonderer Hund, der trotz seiner Misshandlungen in Spanien – er war auf beiden Augen blind – die Menschen abgöttisch liebte und bis zum Schluss seinen Jagdtrieb nicht aufgeben wollte.

Als er starb, war ich sehr, sehr traurig, und ich dachte, was machen all die Menschen, die einen Nachruf auf ihr Tier möchten und das nicht können? Ich weiß einfach, wie oft Menschen schief angesehen werden, weil sie um ihr Tier trauern. So nach dem Motto: „Das ist doch lächerlich, es war ja nur ein Tier!"

107

Dass man um Tiere trauern kann, das habe ich von meinem Vater gelernt, der eigentlich kein so emotionaler Mensch war. Als damals unser Wellensittich Peppi starb, da haben wir alle drei geweint: mein Vater, meine Mutter und ich. Das war das einzige Mal, dass ich meinen Vater habe weinen sehen. Da wusste ich: Es ist in Ordnung, man darf um Tiere trauern und weinen.

Sie haben selbst viele Tiere verabschieden müssen?

1996 bekam ich meine erste Hündin Wonda, ein Alaskan Husky, und erfüllte mir damit einen Kindheitstraum. Ich habe sie gekauft, weil ich sie so schön fand. Aber sie war auch sehr schwierig zu erziehen und der Grund, warum ich mich intensiv mit Hundeausbildung beschäftigen musste. Nur so konnte ich sie letztlich auch verstehen. Dabei habe ich so viel gelernt, dass ich im Jahr 2000 meine Hundeschule eröffnete. Hier zeigte ich den Menschen, wie man Hunde gewaltfrei bis zum gewünschten Verhalten ausbilden kann – ganz ohne Kasernenhofton oder Zwang.

Seit dieser Zeit haben wir 26 Hunde verabschiedet. Das lag natürlich auch zum Teil daran, dass wir viele Hunde erst im hohen Alter mit 14 oder 15 Jahren aus Tierheimen in Spanien oder Italien übernommen haben. Ich habe also schon oft erlebt, wie weh es tut, ein Tier zu verlieren.

Wie kommt man dazu, Tiere aus spanischen oder italienischen Tierheimen zu holen?

Das hat sich so ergeben. Ich lernte 2006 meine Frau kennen. Da hatte ich selbst schon drei Hunde, von denen zwei aus dem deutschen Tierschutz waren. Michaela hatte zwei Auslandshunde, einen aus dem russischen und einen aus dem spanischen Tierschutz. Und so bin ich damit in Berührung gekommen. Dann starben ihre beiden Hunde, die auch schon recht alt waren, und wir haben Kontakt zu Tierschutz-Organisationen bekommen, und so wurden das immer Hunde aus Spanien oder Italien.

Wie sind die Hunde zu Ihnen gekommen? Sind Sie selbst dort hingereist?

Die meisten Hunde sind über Tierfreunde mit Kleinbussen oder dem Luftweg zu uns gekommen, aber manche habe ich auch persönlich abgeholt, wie zum Beispiel Suerte aus Barcelona. Wir hatten ihn im Internet gesehen.

Er sah ziemlich krass aus, weil man ihn misshandelt und die Augen zerstört hatte. Er irrte am Anfang allein durch die Straßen und wurde von einer Dame gefüttert. Dann war er ein halbes Jahr in einer Pflegestelle in Spanien, wo die zerstörten Augen operativ behandelt wurden. Ich bin mit einer Bekannten mit dem Auto runtergefahren. Suerte hätte nicht fliegen können. Er war erst seit kurzem blind und noch recht orientierungslos – die lauten Geräusche am Flughafen hätten ihn sicher traumatisiert. Mit dem Auto, in dem wir abwechselnd bei ihm auf der Ladefläche lagen, haben wir ihn nach Deutschland gebracht. Da war er ein Jahr alt.

Viele Menschen haben mich auch gefragt, warum ich nicht Hunde aus deutschen Tierheimen zu mir hole. Das liegt einfach daran, dass das Elend der Tiere in den südeuropäischen Ländern so unbeschreiblich groß ist. Ich sehe es unter anderem als meine Aufgabe an, das Leben von Tieren und speziell das von Hunden schöner und liebevoller zu machen. Ich muss auch immer an den Spruch von Christian Morgenstern denken, der einmal gesagt hat: „Wehe dem Menschen, wenn nur ein Tier im Weltgericht sitzt!"

Können Sie ein Erlebnis oder auch zwei schildern, die Sie besonders berührt haben?

Das eine war der Tod meines Wellensittichs Peppi. Er war sehr zutraulich und starb vor meinen Augen durch einen Unfall in unserem Haus, was mich sehr erschütterte. Ganz besonders berührt haben mich mehrere Abschiede von Hunden. Besonders schlimm war es bei Taco, einem alten Beagle-Mix, der viele Jahre in einem italienischen Tierheim leben musste und mit 13 Jahren zu uns kam. Er war durch zwei Schlaganfälle geistig sehr eingeschränkt. Er konnte sich einfach nicht merken, dass er zu uns ins Schlafzimmer und auch ins Bett durfte – auf sein eigenes, weiches Kissen. Und so „fragte" er uns jeden Abend aufs Neue und freute sich jeden Morgen wieder, wenn er feststellte, dass er bei uns geschlafen hatte. Er war wie eine Mischung aus Unglaube und großem Glück, unbeschreiblich berührend. Er starb sehr plötzlich an einem nicht erkannten einblutenden Magentumor. Innerhalb weniger Stunden war er tot, und ich trauere noch heute um ihn. Ich habe alle unsere verstorbenen Tiere sehr geliebt, aber ihn werde ich sicher als Erstes begrüßen, wenn ich ihn eines Tages wiedersehe.

Oder Lucy, eine alte Englisch-Setter-Hündin aus Italien. Lucy war ein so sanfter, vertrauensvoller Hund, trotz ihrer furchtbaren Vergangenheit. Sie hat zwölf Jahre lang in verschiedenen Hundehöllen verbracht, zum Teil auch an einer Kette im Keller. Und trotzdem hat sie den Menschen absolut vertraut. Auf meinen Spaziergängen war sie oft „dabei" – ich habe ihre Anwesenheit noch lange nach ihrem Tod gespürt. Von unserer Tierkommunikatorin weiß ich, dass Lucy gesagt hat, sie kommt wieder: als kleiner brauner Hund mit etwas Weiß im Fell und mit Hängeohren. Sie kommt als Schoßhund wieder, weil die kleinen Hunde nicht so schnell gequält und misshandelt werden wie die großen Hunde. Dieser Gedanke treibt mir noch heute die Tränen in die Augen, weil Lucys Aussage zeigt, was sie alles erlebt haben muss.

Wie funktionieren Trauerreden für Tiere?

Die Tierbesitzer*innen melden sich aus ganz Deutschland bei mir. Dann vereinbaren wir einen Termin für ein Zoom-Meeting oder ein Telefonat. Vorab verschicke ich einen Fragebogen zum Tier, in dem sie dann schon mal die trockenen Fakten wie Geburts- und Sterbedatum, von welchem Züchter oder aus welchem Tierheim etc. eintragen können. Und natürlich auch schon wichtige Stationen im gemeinsamen Leben mit dem Tier. Allein das reine Aufschreiben tut den Menschen sehr gut.

Im Gespräch erfahre ich dann noch viel mehr über das Tier und frage auch gezielt nach. Da höre ich oft auch sehr viele lustige Anekdoten, sodass man schmunzeln und lachen kann. Oft erzählen mir die Menschen auch von ihren Schuldgefühlen, die sie haben, wenn sie entscheiden müssen, ob und wann ein Tier erlöst werden kann. Oder sie machen sich Vorwürfe, wenn das Tier zum Beispiel durch einen Unfall gestorben ist.

Nach dem Gespräch habe ich dann so viele Informationen über die Beziehung zwischen Mensch und Tier und dem Charakter des Tieres, dass ich einen sehr schönen Nachruf schreiben kann.

Mittlerweile gibt's ja auch QR-Codes, mit denen man die verstorbenen Seelen sozusagen unsterblich machen kann – ein typisches Merkmal des Wassermannzeitalters. Können Sie kurz erklären, wie man sich das vorstellen kann?

Wenn jemand zum Beispiel den Text, den ich schreibe, auf ein Online-Gedenkportal für Tiere setzt und das dann vielleicht noch mit Bildern ergänzt, dann hat die Seite, die er errichtet hat, eine eigene Webadresse. Diese Webadresse kann man mit einem QR-Generator (gibt es kostenlos im Internet) ganz einfach in einen zweidimensionalen grafischen Code umwandeln. Ich kooperiere mit einer Firma, die diesen Code auf ein kleines Metallschild lasert, das man dann auf das Tiergrab stecken kann. Manche Gedenkportale bieten die entsprechenden QR-Codes auch direkt an: auf Schildern oder Grabvasen.

Auf Friedhöfen für Menschen findet man heute auch teilweise QR-Codes auf Schildern oder Grabsteinen. Allerdings bisher meist nur auf denen von Prominenten. Möchten Trauernde sie direkt auf den Grabstein ihrer Lieben anbringen, dann muss das von der Friedhofsverwaltung genehmigt werden. Wer nun sein Handy mit dem QR-Code-Scanner daran hält (moderne Smartphones haben ihn meistens schon in der Kamerafunktion integriert), der kann dann erfahren, wer dort seine letzte Ruhe gefunden hat. Genauso ist das auch bei den Tieren. Es tut den Tierbesitzer*innen gut, dass auf diese Weise auch andere Menschen erfahren können, was für eine wundervolle Seele ihr Leben bereichert hat. Denn auf Tierfriedhöfen lesen das ja vor allem diejenigen, die Verständnis für die Trauer um ein Tier haben.

Wie sieht es denn mit Trauerfeiern für Tiere aus? Werden die auch so gestaltet wie die für Menschen?

Viele Menschen werden erst auf mich aufmerksam, wenn ihr Tier bereits beerdigt oder eingeäschert worden ist. Trauerfeiern für Tiere sind leider noch selten. Da ich deutschlandweit arbeite, kann ich in der Regel schon wegen der räumlichen Entfernung nicht dabei sein, wenn ein Tier verabschiedet wird. Aber ich begleite die Menschen telefonisch in ihrer Trauer, die ja nach der Beisetzung des Tieres nicht vorbei ist. Im Gegenteil: Danach wird den Menschen erst einmal richtig bewusst, dass ihr Tier wirklich nicht mehr wiederkommt. In meinen Gesprächen höre ich so oft: „Es tut so gut, mit jemandem zu reden, der mich versteht und ernst nimmt!"

Im Gegensatz zur Menschenasche, die noch dem Bestattungszwang unterliegt, darf man Tierasche daheim aufbewahren oder an Lieblingsplätzen verstreuen. Viele Menschen suchen sich bei Tierbestattern hübsche

Urnen aus, die allein schon beim Ansehen sehr tröstlich sind. Und viele hängen sich den Nachruf dann in einem Bilderrahmen auf. Zusätzlich schaffen sie sich oft mit persönlichen Andenken wie Fotos oder Pfoten-Abdrücken in Gips oder Ton kleine Gedenk-Ecken im Haus. Trauer braucht einen Ort. Daher ist die „preiswerte Entsorgung" des toten Lieblings in der Tierkörperverwertung für die meisten Menschen, Gott sei Dank, keine Option. Was dort mit dem Leichnam des Tieres gemacht wird, das wollen Sie gar nicht wissen.

Wie reagieren die Tierhalter, wenn sie in einem Nachruf das Leben ihres Tieres noch einmal nachlesen können?
Den Tierbesitzer*innen tut es sehr gut, das Leben ihres Tieres, in liebevolle und persönliche Worte gefasst, noch einmal Revue passieren zu lassen. Sie schicken den Nachruf auch oft an Freunde oder stellen ihn in den sozialen Medien ein. An viele Tiere wird auch in den Internet-Gedenkportalen erinnert. Und einige, die ihr Tier auf einem Tierfriedhof haben, lassen sich den Nachruf oder die Internetadresse ihres Eintrages in einen QR-Code umwandeln, wie oben beschrieben. Ein kleines bisschen Unsterblichkeit für den Liebling.

Glauben Sie, dass Tiere in den Himmel kommen?
Ja, auf jeden Fall! Ich weiß natürlich nicht, wie der Himmel aussieht, aber ich bin mir sicher, dass ich alle unsere Tiere dort wiedersehe. Natürlich war die Intensität der Liebe zu den einzelnen Tieren nicht immer gleich und die Trauer ist unterschiedlich groß – das ist einfach so. Aber bei einigen meiner Hunde muss ich heute noch manchmal weinen, wenn ich an sie denke. Das wird ein Wiedersehen! Dann treffen wir uns am Würstelbaum, da bin ich ganz sicher! Und Caruso, mein Kanarienvogel von damals, wird mir eine Arie ins Ohr trällern!

Trotzdem bleiben auch alle anderen Tiere im Herzen. Deswegen weiß ich auch, wie schön das ist, wenn man einen Nachruf auf die Lieblinge hat. Irgendjemand hat auch mal gesagt: „Ich weiß nicht, ob Tiere in den Himmel kommen. Aber wenn ich tot bin, will ich dahin, wo die Tiere sind!"

Was würden Sie sagen, was ist der höhere Sinn, den Sie mit Ihrem Beruf verbinden?

Mir macht es Freude, dass ich Menschen in einer schweren Situation ihres Lebens so begleiten kann, dass ich die Schwere etwas leichter machen kann. Ich kann den Menschen die Trauer nicht nehmen – und das will ich auch gar nicht. Denn Trauer überwindet man nur durch Trauern. Aber ich kann den Menschen eine Perspektive geben, dass auch wieder bessere Zeiten kommen. Sie glauben mir, weil sie wissen, dass ich schon oft in ihrer Situation war und weiß, wie sich das anfühlt. Trauerarbeit ist oft wie eine Achterbahnfahrt, also ziemlich heftig. Und sie braucht Zeit. Ich bin sehr froh und sehe es als ein Geschenk, dass ich da immer die richtigen Worte finde. Ich habe schon viele Trauerreden für Menschen hören müssen, die so abgedroschen und lieblos waren. Da schwang keine Empathie mit, das fand ich schrecklich. Liebevolle Trauerreden oder eben bei den Tieren Nachrufe sind so wichtig. Sie sind eine von Herzen kommende Wertschätzung für das zu Ende gegangene Leben. Ich habe kürzlich den Satz gelesen: „Trauer ist nicht das Problem, Trauer ist die Lösung." Den Satz mag ich sehr. Trauer zeigt ja auch, dass wir lieben können. Wenn jemand wirklich liebt, dann kommt unausweichlich auch die Trauer.

Tierbesitzer*innen können mir alles erzählen und ich werde niemals sagen: „Ach, das war ja nur eine Tarantel." Wenn diese Tarantel dem Menschen viel bedeutet hat, dann war das so. Ich bewerte die Trauer nicht. Trauer ist etwas zutiefst Individuelles, und wir sollten sie immer respektieren. Mein Anliegen ist: Ich möchte den Menschen die Berührungsängste, den Schrecken vor dem Tod nehmen. Den Tod wieder dorthin stellen, wo er ist: mitten im Leben. In den Medien kommt er täglich vor: in Krimis, Dokus, Nachrichten. Nur vor der eigenen Haustüre wollen die meisten Menschen ihn nicht sehen. Er ist nach wie vor ein Tabuthema in unserer Gesellschaft. Aber er ist eine unumstößliche und ewige Tatsache, und es lohnt sich, sich mit dem Gedanken an ihn vertraut zu machen. Dann verliert das Thema langsam, aber sicher an Schrecken. Der Tod gibt dem Leben erst einen Sinn. Die Gewissheit, dass das Leben mit unseren Lieben – ob Mensch oder Tier – begrenzt ist, gibt ihr den Wert. Wir sollten die Zeit nutzen, die wir haben und voller Dankbarkeit für jeden neuen Tag sein.

WASSERMANNZEITALTER UND FRIEDEN

„Manchmal haben wir die Kraft, Ja zum Leben zu sagen.
Dann kehrt Frieden in uns ein und macht uns ganz."

Ralph Waldo Emerson (1803–1882)

Ja zum Leben zu sagen, heißt Ja zu sich selbst zu sagen. Wer Ja zu sich selbst sagt, sagt Ja zu seinen Mitmenschen, sagt Ja zu der Welt. Nie war dies wichtiger als jetzt, als in der Zeit des beginnenden Wassermannzeitalters. Das Goldene Zeitalter, Frieden und Glückseligkeit geschehen jedoch nicht von allein. Alle Menschen auf der Erde sind dazu aufgefordert, ihren Beitrag zu leisten. Und das ist aktuell gar nicht so einfach, allerdings müssen wir es uns auch nicht unnötig schwer machen. Hier ein offenes Geheimnis: In der neuen Zeit haben immer mehr Menschen die Möglichkeit, immer öfter Ja zum Leben zu sagen. Denn der Frieden, den wir suchen, ist in unserem eigenen Herzen und kann sich wie eine frohe Botschaft auf die uns umgebenden Menschen ausweiten. „Deshalb ist es immens wichtig", sagt Irisa Abouzari, „uns in Gedankenhygiene zu üben und zu reflektieren, welche Botschaften wir täglich in die Welt hinausgeben. Entspricht das, was ich denke und gleich sagen und tun möchte, wirklich dem, was ich von Herzen meine und was mir wichtig ist? Ist es für andere hilfreich, mehrt es die Liebe und den Frieden in der Welt?"

Die Spirituelle Beraterin, Musikerin und Journalistin hat ihre Aufgabe und ihren Seelenfrieden in der Welt gefunden. In ihrer Praxis in Köln gibt sie spirituelle Workshops und Coachings für mehr Frieden, Freude und Leichtigkeit, für Ruhe und Stabilität im Alltag. Sie sagt: „Wir leben in einer Zeit, in der viele Menschen sich nach Frieden sehnen. In Friedensmeditationen können wir unseren inneren Frieden stärken und in die Welt aussenden."

114

Irisa Abouzari

Irisa Abouzari wurde am 16. Dezember 1966 im Sternzeichen Schütze in Mainz geboren. Als Tochter eines muslimischen Arztes aus dem Iran und einer protestantischen Mutter aus Deutschland lernte sie früh verschiedene Kulturkreise und Religionen kennen. In Köln studierte sie Anglistik, Germanistik sowie Theater-, Film- und Fernsehwissenschaften. „Doch mit den Fächern wurde ich nicht so richtig warm, sie erschienen mir zu abstrakt. Konkreter und lebensnäher waren mir bald meine ersten Jobs als freie Journalistin für diverse Redaktionen", sagt sie. Vor gut 20 Jahren folgte dann ein Berufswechsel zur ganzheitlichen Lebensberaterin. „Zu dieser Berufung kam ich über Karate und Tai Chi: Als ich erstmals meine Meridiane wahrnahm, spürte ich den starken Impuls, eine energetische Coaching-Ausbildung zu absolvieren und Menschen dabei zu begleiten, sich selbst deutlicher zu spüren und ihrer Intuition, der Stimme ihres Herzens, zu vertrauen. Es macht mir Freude, Menschen dabei zu unterstützen, sich Schritt für Schritt in ihrer Größe, ihrer Schönheit und Würde, mit ihren Gaben und ihrer Berufung zu erkennen."

Schon lange verbindet Irisa Abouzari beide Qualitäten, das Schreiben und die spirituelle Lebensberatung, in beeindruckender Weise. Als freie Autorin interviewt sie heute viele Experten und schreibt Artikel über Spiritualität, Lebensqualität und ganzheitliche Gesundheit. „Ich habe Wege gefunden, meine Leser auf ihrem persönlichen Entwicklungsweg zu inspirieren und darüber hinaus die Frequenzen der Liebe und des Friedens in Form von Worten in die Welt zu senden."

Eine der größten Friedensbotschaften war und ist für mich (Martina Seifen) schon immer das Pfingstfest. Sie gehört zu den wenigen Bibelgeschichten, die mir bis heute im Gedächtnis geblieben ist. Vermutlich weil das Bedürfnis nach Frieden und Verständigung fest in den Genen verankert ist. Frieden ist ein allumfassendes Wort. Es bedeutet auch Verstehen, sich und andere wertschätzen, zufrieden und dankbar sein mit dem, was man hat und was einen umgibt.

Im zweiten Kapitel der Apostelgeschichte heißt es dazu: „Da kam plötzlich vom Himmel her ein Brausen, wie wenn ein heftiger Sturm daherfährt, und erfüllte das ganze Haus, in dem sie (die Jünger) waren. Und es erschienen ihnen Zungen wie von Feuer, die sich verteilten; auf jeden von ihnen ließ sich eine nieder. Alle wurden mit dem Heiligen Geist erfüllt und begannen, in fremden Sprachen zu reden, wie es der Geist ihnen eingab." In Jerusalem lockte dieses Ereignis eine neugierige Menschenmenge aus aller Herren Länder an: Juden, Ägypter, Römer, Kreter und Araber hörten plötzlich die Jünger in ihrer Muttersprache reden, und alle verstanden auf wundersame Weise, was gesprochen wurde.

„Je mehr wir im Zufriedensein, in unserem inneren Frieden, verankert sind, desto leichter fällt es uns, diese Friedensschwingung auch auszustrahlen, weiterzugeben und sie so in der Welt zu nähren und zu mehren", sagt Irisa Abouzari. Wie das funktioniert? „Indem wir zunächst einmal ehrlich zu uns selbst sind: Was will ich wirklich? Nehme ich mich mit allen Stärken und Schwächen an? Was bringt es mir, mich stundenlang über die grantelige Kassiererin im Supermarkt zu ärgern, statt etwas Mitgefühl für ihre offenbar stressige Situation aufzubringen? Wenn ich spüre, dass ich mal wieder dazu neige, aus einer Mücke einen Elefanten zu machen, wird es höchste Zeit, innezuhalten, durchzuatmen und etwas zu tun, um wieder ins Lot zu kommen. Denn nach dem ‚Kosmischen Gesetz der Entsprechung' können wir im Außen nur den Frieden erleben, den wir bereits in uns tragen", so Irisa Abouzari.

Die Kosmischen Gesetze

Kosmische Gesetze bestimmen unser Leben. Einst aufgeschrieben von dem legendären Hermes Trismegistos, sind
diese Gesetze der Nachwelt auf Smaragdtafeln überliefert
worden. Wie ein Orakel bestimmen sie seither die Ge-
schicke der Menschheit, unabhängig davon, ob wir daran
glauben oder nicht.

Sie lauten:

Das Gesetz der Geistigkeit

Der Geist schafft die Materie. Der Gedanke, das Bewusst-
sein, erschafft die Realität. Ein bekanntes chinesisches
Sprichwort drückt es treffend aus:
„Achte auf deine Gedanken, denn sie werden zu Worten.
Achte auf deine Worte, denn sie werden zu Handlungen.
Achte auf deine Handlungen, denn sie werden zu Ge-
wohnheiten.
Achte auf deine Gewohnheiten, denn sie werden dein
Charakter.
Achte auf deinen Charakter, denn er wird dein Schicksal."

„Da die geistige Ebene höher schwingt als die materielle Ebene, können wir unser körperliches Wohlbefinden
kraft der Gedanken beeinflussen. Das ist auch der Grund,
warum Mentaltechniken, geistiges Heilen und Informati-
onsmedizin so oft beeindruckende Erfolge erzielen. Auch
die Placeboforschung hat belegt, dass Glauben, Vertrauen
und Zuversicht physische Heilungsprozesse fördern können", sagt Irisa Abouzari.

Das Gesetz der Entsprechung

Wie innen, so außen – wie oben, so unten –, wie im Kleinen, so im Großen. Wie man im Inneren ist, so erlebt man

auch seine Außenwelt. Und umgekehrt: Die Außenwelt ist ein Spiegel des Selbst. Verändern wir uns, verändern wir die (Um-)Welt.

Das Gesetz der Schwingung
„Nichts ist in Ruhe, alles bewegt sich, alles ist in Schwingung", heißt es im „Kybalion", der berühmten Zusammenfassung der Kosmischen Gesetze. Körper, Seele und Geist schwingen auf unterschiedliche Weise. Je geringer die Schwingung, desto dichter die Materie. Die höhere Schwingung ist der niedrigeren übergeordnet. Deshalb können liebevolle Gedanken unser körperliches Wohlbefinden steigern.

Das Gesetz der Polarität
„Gut" und „Böse" sind keine absoluten Wahrheiten, sondern Bewertungen, die wir uns auf einer Skala als die jeweiligen Extreme vorstellen können. Friedensarbeit bedeutet zum Beispiel, sich in einer Konfliktsituation nicht auf ein Extrem zu versteifen, sondern das Sowohl-als-auch im Blick zu behalten.

Das Gesetz des Rhythmus
„Alles fließt aus und ein, alles hat seine Gezeiten, alle Dinge steigen und fallen, das Schwingen des Pendels zeigt sich in allem; das Maß des Schwunges nach rechts ist das Maß des Schwunges nach links; Rhythmus kompensiert." So heißt es im „Kybalion". Alles schwingt, alles fließt, alles geht auf und ab. Sonne und Mond, Ebbe und Flut, Tag und Nacht, gute und schlechte Zeiten lösen sich ab – das ist der Lauf des Lebens. Wenn wir das erkennen und bewusst wahrnehmen, kann uns nichts mehr ängstigen.

Das Gesetz von Ursache und Wirkung
Jede Ursache hat eine Wirkung und jede Wirkung hat eine Ursache. „So wie es in den Wald ruft, so schallt es

zurück", lautet ein deutsches Sprichwort. So wie man sein Leben wahrnimmt, so erlebt man es. Hat man Angst vor etwas, so ist die Wahrscheinlichkeit groß, die Dinge in sein Leben zu ziehen, vor denen man Angst hat. Umgekehrt: Wer sich viel zutraut und frohen Mutes voranschreitet, kann gar nicht anders, als Erfolg und Glück in sein Leben zu ziehen. Denn das Universum geht in Resonanz mit den eigenen Gefühlen und zeigt uns, woran wir glauben. Das bedeutet: Wir ernten, was wir säen. Wir können unser Leben jeden Tag aufs Neue selbst gestalten, glücklich oder unglücklich, friedvoll oder hadernd, liebevoll oder vor Eifersucht zerfressen. Alles im Leben drängt nach Ausgleich und folgt zum Beispiel dem Prinzip des Gebens und Nehmens. Wer nur nimmt und nichts gibt, missachtet das Gesetz genauso wie derjenige, der nur gibt und nichts nehmen will. Beides führt in eine Sackgasse, verursacht einen Stau im energetischen System, was unter anderem zu Krankheiten führen kann. Wer sich stattdessen dem Fluss des Ausgleichs hingibt, gewinnt die Fülle des Lebens. Freude, Glück, Erfolg bekommt der, der sie geben und annehmen kann.

Das Gesetz des Geschlechts

Alles im Leben besteht aus weiblichen und männlichen Eigenschaften, die sich zu einem Ganzen zusammenfügen. Die Chinesen nennen es Yin & Yang. In diesem Gesetz ist die Aufforderung enthalten, beide Teile zu leben und dabei die eigene Mitte, das Gleichgewicht, zu finden.

FRAGEN AN IRISA ABOUZARI

Liebe Frau Abouzari, viele Menschen warten sehnsüchtig auf den Quantensprung im Wassermannzeitalter, doch der scheint aktuell sehr ausgebremst. Wie sehen Sie die Zeitströmung, in der wir uns im Moment befinden?

Jede Bewegung bringt gemäß des Kosmischen Gesetzes des Rhythmus auch eine Gegenbewegung mit sich. So sind aktuell kollektive beschränkende, einengende, strenge, bevormundende Energieströme spürbar – ein krasser Gegensatz zu den Werten des Wassermannzeitalters wie Freiheit, Innovation und Selbstbestimmung. Manche Lichtarbeiter sind deswegen verzweifelt und fragen sich, ob sie sich versehentlich zu früh inkarniert haben. Sensible Kristallkinder ziehen sich überfordert in ihr Schneckenhaus zurück. Kämpferische Indigokinder reiben sich auf – im Dagegensein und in der Erfahrung, dass Druck Gegendruck erzeugt. Deshalb halte ich es für wichtig, in dieser Zeit bewusst die eigene Resilienz zu stärken. Machen wir uns klar, dass Turbulenzen ein Merkmal von Übergangszeiten sind. Um mutig und sicher auf den hohen Wellen des Lebens zu surfen, tut es gut, sich immer wieder vor Augen zu halten, dass wir Schöpfer unserer Welt sind.

Die Kosmischen Gesetze des Hermes Trismegistos spielen in Ihrem Leben eine wichtige Rolle?

Ja, denn ich weiß aus eigener Erfahrung, dass sie wirken. Sie bieten mir Orientierung im Alltag, und vieles wird leichter, wenn ich im Einklang mit ihnen lebe. Eines der wichtigsten Gesetze in der aktuellen Zeit ist meiner Meinung nach das „Prinzip der Geistigkeit". Alles im Universum ist geistig, der Geist lenkt die Materie. Diese alte Weisheit der Tai Chi-, Qi Gong- und Yoga-Meister wird in unserem Alltag immer greifbarer. Zum Beispiel im Bereich der Technik. Das Wassermannzeitalter gebiert eine Fülle an technischen Errungenschaften: Siri, Alexa und die Bordcomputer der neuen Autos verschaffen uns geradezu märchenhafte Allmachtserfahrungen. Wir sprechen einen Wunsch aus – und schon ist das Ergebnis manifestiert. Ähnlich wirksam sind unsere Gedanken!

Vor allem im persönlichen Bereich ist es deshalb neben der bereits erwähnten Gedankenhygiene wichtig, uns selbst anzunehmen. Denn

die Energie folgt der Aufmerksamkeit. Wenn wir uns liebevolle Beach-
tung und wertschätzende Gedanken schenken, entsteht ein Raum, in
dem wir uns entfalten können. So finden wir auch einen leichteren Zu-
gang zu unseren Gaben, in denen möglicherweise eine Lebensaufgabe
wie ein gut gehüteter Schatz darauf wartet, von uns entdeckt und zum
Wohle der Gemeinschaft genutzt zu werden. Meistens sind diese Ga-
ben in Tätigkeiten versteckt, die uns die größte Freude bereiten. Dabei
spielt es keine Rolle, ob wir handwerklich, künstlerisch oder heilerisch
begabt sind. Folgen wir unserer Begeisterung im Tun, dann leben wir
schon unsere Berufung! Wir sind im Frieden mit uns selbst. Diese Zu-
friedenheit strahlen wir aus, und das Kosmische Prinzip der Resonanz
bewirkt, dass Menschen sich in unserer Gegenwart inspiriert und wohl
fühlen. Unser innerer Frieden wirkt auch wie ein energetischer Puffer.
So bleiben wir in unserer Ruhe, auch wenn unser Partner zum Bei-
spiel gereizt ist oder eine Freundin uns – vielleicht in bester Absicht –
zu etwas überreden will.

Sie geben seit vielen Jahren spirituelle Beratungen, ma-
chen Workshops zur Harmonisierung der Energiezentren
und vieles mehr. Das sind Themen, die viele Menschen
in der aktuell aufregenden Zeit besonders brauchen. Wel-
chen Rat können Sie den Menschen unserer Zeit geben?
Viele Menschen fürchten, den wahren Sinn ihres Seins zu verpassen.
Der Alltag hat sie voll im Griff. Ich wollte doch mal ... wenn ich mal
Zeit hätte, dann ... In unserem sich kontinuierlich beschleunigenden In-
formationszeitalter werden wir von zahllosen Botschaften und Angeboten
überschwemmt. Deshalb ist es so wichtig, bewusst die täglichen Einla-
dungen zum Fremdbestimmt-Sein freundlich abzulehnen und „Stopp"
zu sagen. Selbstbestimmt zu leben können wir trainieren. Empfehlens-
wert finde ich es zum Beispiel, mindestens eine Stunde am Tag mit mir
allein zu gönnen sein und dann Dinge zu tun, die mein Herz erfreuen
und die mich wieder in meine Mitte bringen. In einem schönen Tage-
buch können Sie notieren, was die Stimme Ihrer Seele Ihnen mitteilen
will. Wir können auch Bücher von spirituellen Meistern neben das Bett
legen, um in schwachen Momenten intuitiv eine Seite aufzuschlagen und
zu schauen, welcher Satz uns motiviert.

Nur der Frieden schenkt uns ein selbstbestimmtes und glückliches Leben?

Ich finde es wichtig, das etwas differenzierter zu sehen: Wir sind Schöpfer unserer Welt. Frieden wird uns nicht von einer äußeren Instanz automatisch geschenkt. Deshalb muss er zwischen den Nationen immer wieder, zum Teil mühsam, verhandelt werden. Die Friedensenergie, die ich meine, bewegt sich vor allem von innen nach außen. Sie ist die natürliche Folge eines eigenverantwortlich gestalteten Lebens. Eigenverantwortung bedeutet für mich mehr als Selbstbestimmung: Die Verantwortung für unser Leben und unser Glück zu übernehmen bedeutet, dass wir auch dazu bereit sind, die Konsequenzen für unser Denken, Reden und Handeln zu tragen. Sind wir uns unserer Verantwortung bewusst, handeln wir achtsamer. Je mehr Menschen das tun, desto besser sind meinem Empfinden nach die Voraussetzungen für eine kollektive friedvolle Schwingung.

Gleichzeitig ist äußerer, politischer Frieden natürlich essenziell, um sich frei und selbstbestimmt entfalten zu können! Unsere Eltern oder Großeltern haben noch den Krieg erlebt: den Luftschutzbunker, Hunger, Gefangenschaft und Flucht, zerstörte Lebensträume, Trauer um verstorbene Angehörige. Die vielen Menschen, die seit 2015 aus den Krisengebieten des Nahen Ostens nach Europa geflüchtet sind, und all jene, die aktuell aus der Ukraine flüchten – Menschen, die ihren Lebensmittelpunkt, ihr Heim, ihre Verwandten zurückgelassen haben. Sie erinnern uns daran, dass Frieden nicht immer und überall selbstverständlich ist.

Was vermitteln Sie Ihren Teilnehmern in den Friedensmeditationen?

In den Friedensmeditationen, die ich in der Tradition meines spirituellen Lehrers Steed Dölger anbiete, stärken meine Teilnehmer und ich zunächst unseren eigenen Frieden und senden ihn dann ins Universum. Ich führe sie in eine Tiefenentspannung und verbinde sie auf eine spezielle Weise mit der Schwingung des Friedens im Herzchakra.

Besonders wichtig sind, wie Sie sagen, auch Übungen, um in der eigenen Mitte zu bleiben. Was bieten Sie da an?

Neben dem einfühlsamen, ziel- und lösungsorientierten Gespräch wähle ich bei Bedarf aus einem Fundus von energetischen Übungen intuitiv oder mit Hilfe des kinesiologischen Muskeltests aus, was zum Anliegen und zur tagesaktuellen Befindlichkeit meines Teilnehmers passt. Meiner Erfahrung nach entdecken immer mehr Menschen ihre intuitiven Gaben und bekommen einen leichteren Zugang zu Fähigkeiten wie Hochsensibilität, Vorahnungen und Informationen aus der geistigen Welt. Doch der gigantische Entwicklungssprung, den wir gegenwärtig durchleben, kann auch zu Verwirrung führen. Deswegen ist es zum Beispiel wichtig, dass wir uns darin trainieren, unsere rationalen Fähigkeiten mit unserer intuitiven Seite zu verbinden. Überkreuzbewegungen oder die Harmonisierung des Dritten Auges können die Kommunikation der beiden Gehirnhälften miteinander stärken und so das Tor zu einer neuen, integrierten Mentalkraft fördern. Von größter Bedeutung ist in diesem Transformationsprozess allerdings nicht nur der Kopf, sondern unser gesamter Körper, der Tempel der Seele, gefordert, um sich dem Durchlichtungsprozess und der erhöhten Schwingung anzupassen. Energetische Körperübungen wie zum Beispiel Brain Gym®, Rhythmische Bewegungsübungen nach Dr. Harald Blomberg, die Arbeit mit Psychophysiognomie, die Harmonisierung des Meridiansystems mit Touch for Health® oder Klopfakupressur können individuell ebenso sinnvoll sein wie Übungen, die besonders die Seele und den Geist nähren, zum Beispiel Visualisierungs- und Klangübungen, das Singen von Mantras, innere Zeitreisen, die Harmonisierung der Chakren und der Aura, die Stärkung der Intelligenz des Herzens, Arbeit mit Kristallenergie, Licht und Farbe oder eine Feng-Shui-Beratung für die Wohnung – unserer erweiterten Aura. Ist unsere energetische Ausstrahlung klar, können Synergieerlebnisse leichter in unser Leben kommen, zum Beispiel spontane Geistesblitze, Visionen und Erkenntnisse, die Zeit und Raum transzendieren.

Übung: Hand-aufs-Herz-Atemtest

Wenn eine Entscheidung ansteht und man die Sinnhaftigkeit überprüfen will, empfehle ich den Hand-aufs-Herz-Atemtest: Dazu schreiben Sie die jeweiligen Entscheidungsoptionen, zum Beispiel „Meditieren", „Tanzen" „oder „Aufräumen" jeweils separat auf ein DIN-A4-Blatt. Dann stellen Sie sich nacheinander auf jedes einzelne Blatt. Legen Sie nun sanft Ihre Hände auf Ihren Brustkorb und spüren Sie in sich hinein. Bei welcher Entscheidung fällt es Ihnen leichter durchzuatmen?

Welche Rolle spielt die Natur für den inneren Frieden?

Der Kontakt zur Natur hilft uns dabei, in unsere Harmonie zu kommen, denn wir selbst sind ein Teil von ihr. Um die Verbindung zur Natur zu stärken, finde ich es essenziell, die Rhythmen des Lebens zu achten. Zum Beispiel den Sonnenaufgang und den Sonnenuntergang, Jahreszeiten, monatliche Rhythmen wie den Vollmond-Neumond-Rhythmus, den 7er-Rhythmus der Woche oder den 24-Stunden-Tagesrhythmus, auch unsere Mahlzeiten oder Pausen gehören dazu. So geübt, nehmen wir immer deutlicher die Tagesqualität wahr. Öffnen wir uns für unsere intuitive Seite, können wir die vier Elemente Feuer, Erde, Wasser und Luft überall, also auch in uns selbst, wahrnehmen. Wir fühlen uns verwurzelt in Mutter Erde und zugleich verbunden mit Vater Himmel. Wir sind zentriert in uns selbst. Diese Form der Ego-Zentrik ist wunderbar. Denn wenn jeder von uns in seiner Mitte ist, hat der Frieden es leichter, in unserer Gesellschaft Fuß zu fassen.

Zum Abschluss vielleicht noch eine Übung, die dieses Zentriertsein in sich selbst stärken kann?

Ja, gerne. Auch hier bietet sich das Herzchakra an. Das Herz hat eine stärkere elektromagnetische Strahlung als das Gehirn. Die Intelligenz des Herzens lässt uns Schwierigkeiten und Hindernisse im neuen Licht sehen.

ÜBUNG: HERZATMUNG

Nehmen Sie sich fünf bis zehn Minuten Zeit und atmen Sie bei einer Konfliktsituation in Ihr Herz. Erinnern Sie sich nun an eine Situation, in der Sie sich glücklich und geliebt fühlten. Und nun lenken Sie Ihre Aufmerksamkeit wieder auf die aktuelle Situation. Spüren Sie, wie die Atmosphäre sich verändert? Kommen neue Lösungswege in Ihr Blickfeld, an die Sie so bisher noch nicht gedacht haben? Wie klingt Ihre Stimme jetzt? Vielleicht sanfter und melodischer?

Mir ist bewusst, dass es eine Weile dauern kann, bis es gelingt, unangenehme Gefühle in der uns allen innewohnenden hohen Liebes- und Friedens-Schwingung zu transformieren. Seit über 15 Jahren praktiziere ich jeden Morgen und jeden Abend die Herzmeditation in der Tradition meines Lehrers. Natürlich gibt es zahlreiche Wege zum inneren Frieden. Probieren Sie einfach aus, was sich für Sie stimmig anfühlt. Sie können sich zum Beispiel bei Ihrer Meditation auf Ihr Herzchakra konzentrieren und sich vorstellen, dass Ihre Liebe immer weiter in die Welt ausstrahlt. Das Herzchakra nehme ich als eine Pforte wahr. Der Weg führt in die Stille, in die Leere des unmanifesten Seins. Er kann uns mit dem Kosmos verbinden, mit unserer Sternenheimat, Antworten auf Fragen schenken, innere Bilder anbieten, deren Bedeutung wir erst später im Alltag verstehen. Das Herzzentrum ist Heilkraft pur. Wenn wir in einer Konfliktsituation wohlwollende Gedanken aussenden, vielleicht indem wir das hawaiianische Vergebungsritual Ho'oponopono ausüben oder die Situation einfach von Herzen segnen, sie somit annehmen und Ja zu ihr sagen, also auch zu unserer eigenen Beteiligung am Entstehen dieser Situation, dann bleiben wir stabil und handlungsfähig, und so ist es für alle Beteiligten leichter, eine kreative und konstruktive Lösung zu finden.

WASSERMANNZEITALTER UND MUTTER ERDE

„Erinnert euch daran, nach oben in die Sterne zu blicken und nicht nach unten auf eure Füße! Versucht, dem, was ihr seht, Sinn zu geben, und fragt euch, was das Universum existieren lässt. Seid neugierig. Wie schwierig das Leben auch erscheinen mag, es gibt immer etwas, was ihr tun könnt und worin ihr erfolgreich sein könnt."

Stephen Hawking, Astrophysiker (1942–2018)

„Wir sind Sternenstaub, wir kommen alle von den Sternen und wir gehen eines Tages dorthin zurück", sagt Susanne Hirsch, Sprach- und Schreibmedium für Lichtwesenheiten der geistigen Welt.

Bereits 2010 erklärte Chris Impey, Professor für Astronomie an der Universität von Arizona (USA), dass alles organische Material Kohlenstoff enthalte und von uralten Sternen stamme. Da alle Elemente der Erde denselben Ursprung haben, scheint es wahrscheinlich, dass auch der menschliche Körper daraus besteht. Frank Wittig, ein Reporter des SWR, wollte es genauer wissen. Er ging 2016 der Frage nach, woher denn das Baumaterial des menschlichen Körpers stamme. Am Institut für Biophysik der Uni Mainz konnte ihm Prof. Heinz Decker darauf eine dezidierte Antwort geben. Er erklärte, dass im Bauplan des Menschen 9.078 Atome enthalten sind – davon 4.500 Atome Wasserstoff, 3.000 Atome Kohlenstoff, 800 Atome Stickstoff, 822 Atome Sauerstoff, 17 Atome Schwefel und vier Atome Eisen. Dabei verwies der Professor darauf, dass diese Elemente nicht nur sehr stabil, sondern auch sehr alt seien und wahrscheinlich erst zerfallen würden, wenn die Sonne explodiert, wobei sie dann wohl auch nicht verloren gingen, sondern vermutlich zu neuen Atomen verschmelzen würden. Eine Aussage, die Peter Hoppe, Astrophysiker am Mainzer Max Planck-Institut für Biochemie, bestätigte. Wasserstoff, so erklärte er, sei mit dem Urknall vor ca.

13,7 Milliarden Jahren entstanden. Schwerere Elemente wie die restlichen atomaren Bestandteile seien aber erst später in den Sternen entstanden. „Letztlich", so zitiert der SWR-Journalist Peter Hoppe, „sind die Atome, aus denen wir bestehen, Sternenstaub."

Da drängt sich doch die Frage auf, warum wir auf der Erde sind. Ist es nicht unsere Aufgabe zu leuchten, statt uns ewig in Mühsal, Ängsten, Krampf und Krankheiten zu verstricken? „Ja, definitiv", sagt Susanne Hirsch, die seit 2018 Channel-Medium für Aiolah, die neue Erde, ist. „Unser Auftrag ist es, mehr Licht und Liebe auf die Erde zu bringen. Wir sind aus dem Licht gekommen, und wir gehen ins Licht", sagt sie.

Susanne Hirsch

Susanne Hirsch wurde am 4. November 1967 im Sternzeichen Skorpion in Koblenz geboren. Nach dem Abitur in Celle zog sie 1987 nach Hannover, machte dort eine dreijährige Ausbildung als Krankengymnastin/Physiotherapeutin und arbeitete danach in einer bekannten Reha-Klinik. Es folgten Ausbildungen in Akupunkt-Massage nach Penzel und Reiki. „1993 begann ich selbst erste Reiki-Seminare zu geben. Während meiner Behandlungen wurde ich mir meiner Hellfühligkeit bewusst. Ich konnte den Energiefluss in Meridianen und Chakren der Menschen fühlen und Energieblockaden ausgleichen", erklärt die Physiotherapeutin. Etwa zeitgleich erlebte sie ihr erstes Channeling mit Lichtwesenheiten aus der geistigen Welt. 1993 folgte dann ein kurzfristiger Umzug nach Berlin. Hier wurde sie Mitglied einer sozialen Umweltschutz-, Entwicklungs- und Forschungsorganisation. Gemeinsam mit der Gruppe ging es für zehn

Jahre ins mittelamerikanische Belize. „Es war für mich eine sehr wichtige Zeit, da sie mir einmal mehr vor Augen geführt hat, wie besonders unser Planet Erde ist und wie dankbar wir sein können, auf ihm leben zu dürfen", sagt Susanne Hirsch.

Ihren beruflichen Mittelpunkt hat die Physiotherapeutin seit 2012 in ihrer Privatpraxis in München-Schwabing gefunden. Ihre Schwerpunkte sind neben Physiotherapie die Akupunkt-Massage nach Penzel und Reiki-Behandlungen. Darüber hinaus bietet sie mediale Lebensberatung (Channelings) und Life-Coaching an. In gemeinsamen Gesprächen mit den Patienten geht es darum, neue Wege und Möglichkeiten für ein achtsames und erfülltes Leben aufzuzeigen.

FRAGEN AN SUSANNE HIRSCH

Liebe Susanne Hirsch, Physiotherapie und Akupunktur sind vergleichsweise recht „bodenständige" Therapien. Wie hat sich deine Berufung zum Channel-Medium entwickelt?

Das passierte schon recht früh. In meinen Behandlungen wurde mir klar, dass ich den Energiefluss in Chakren und Meridianen bei den Menschen fühlen und so leicht Blockaden finden und ausgleichen kann. Dadurch bereitete ich mich unbewusst schon auf die Energien der geistigen Welt vor. Während meiner Behandlungen entwickelten sich intensive Gespräche mit den Menschen. Das Wissen, wie sie sich heilen und mit ihrem Schicksal umgehen konnten, floss wie eine sprudelnde Quelle aus mir heraus. Sie öffneten mir ihr Herz und waren dankbar für die Impulse, die ihnen dabei halfen, die körperlichen Beschwerden als Herausforderung für ihr eigenes inneres Wachstum anzunehmen und so in mehr Selbstliebe und inneren Frieden mit ihrem ureigenen Heilungsprozess zu kommen. Ich freute mich sehr und wunderte mich gleichzeitig, woher das Wissen zu mir kam.

Den Schritt in mein bewusstes Mediumsein bahnte eine Freundin an, die mich auf mein erstes Gruppenchanneling mitnahm. Das war 1992. Dabei wurde mir heiß, mich überliefen Schauer, und ich hatte Tränen in den Augen. Ich war sehr berührt von der bedingungslosen Liebe, Klarheit und Einheit der Lichtwesenheiten. Besonders fühlte ich die immens hohe Schwingung, die mein Herz öffnete und mich direkt mit meiner Seele verband. Begeistert besuchte ich einige gechannelte Seminare und freundete mich mit einem Medium an. Sie gab mir mein erstes Channeling. Und da geschah es: Die geistige Welt kam zu mir! Ich fühlte sie sofort in mir, hörte die Botschaften und war sehr dankbar für dieses Geschenk! Mir wurde gesagt, dass ich schon in vergangenen Leben Hohepriesterin und Orakel war. Daher fiel es den Lichtwesenheiten auch so leicht, aufgrund meiner gespeicherten Emotionen und Erinnerungen in meinen Zellen, eine Verbindung mit mir einzugehen. Seitdem kann ich bewusst mit der geistigen Welt Kontakt aufnehmen.

2017 hattest du ein Nahtoderlebnis, das dein Dasein auf der Erde stark beeinflusst hat. Kannst du uns schildern, was passiert ist?

Es begann damit, dass ich müde und erschöpft, komplett antriebslos war und die alltäglichen Aufgaben und mein Leben immer mehr vernachlässigte. Ich wurde immer teilnahmsloser und depressiver, und das als Frohnatur, die ich eigentlich bin. Eine Freundin von mir erkannte, dass es so nicht weitergehen könne und machte für mich einen Termin in einer Depressionsklinik in Kassel. Doch schnell wurde klar, dass die Depressionen nicht das eigentliche Problem waren, und man veranlasste ein Kopf-MRT, wo man einen hühnereigroßen Tumor entdeckte, der mitten im Kopf lag. Es handelte sich um ein Meningeom, das von den Hirnhäuten gebildet wird und gutartig war. Im Klinikum Großhadern in München wurde der Tumor operativ entfernt.

Da der Tumor mit dem Geruchszentrum verbunden war, kann ich bis heute nichts riechen und dadurch nur das schmecken, was von den Geschmacksknospen auf der Zunge wahrgenommen wird, nämlich süß, sauer, salzig und bitter. Doch das war nicht die einzige Veränderung nach der Operation. Ich konnte mich zunächst auch nicht mehr an Dinge erinnern, die ich ein halbes Jahr zuvor gemacht hatte. Am Gravierendsten

war die erhöhte Schwingung in meinem Bewusstsein, die dazu führte,
dass Aiolah, die neue aufgestiegene Form von Mutter Erde, in der fünf-
ten Dimension sich mir offenbaren und fortan durch mich sprechen konn-
te. Sie sagte mir, dass wir gemeinsam die Menschheit in die neue Zeit
führen werden.

Wie kann man sich das Channeln vorstellen?

Alle meine Zellen vibrieren und meine Energie wird angehoben, sodass
mein Körper während des Channelings häufig hin und her schaukelt. Ich
bin dann in einem Zustand tiefster Konzentration und Meditation, be-
komme von der äußeren Welt nichts mehr mit, da meine ganze Aufmerk-
samkeit auf die Botschaften der geistigen Welt gerichtet ist. Ich empfange
ihre Worte und leite ihre Botschaft und Energie an die Menschen weiter.
Die Grundfrequenz der bedingungslosen Liebe, des Friedens, der Hin-
gabe und Einheit ist immer gleich. Jede Wesenheit kommt in ihrer urei-
genen Schwingung und Energiefarbe. Vorher weiß ich selbst nicht, wer
sprechen will und was gesagt wird. Ich mache den Kanal frei, trete mit
meinem Bewusstsein in den Hintergrund und lasse das geschehen, was
geschehen will. Eine gute Übung des Loslassens!

Welche Botschaften empfängst du beispielsweise von der neuen Erde?

Aiolah sagt: „Die neue Welt ist schon da. Je friedvoller und respektvoller
ihr mit euch und eurer Umwelt umgeht, desto mehr kommt ihr selbst in
die neue Erde. Es ist wichtig, alles, was zu uns kommt, liebevoll zu um-
armen. Fragt euch: Was will ich wirklich in meinem Leben, was macht
mich glücklich? Habt keine Angst mehr vor eurer göttlichen Kraft. Der
Wille ist extrem wichtig, die Achtsamkeit, die Sprache des Herzens. Ihr
seid alle miteinander verbunden, bildet Zentren und Ankerpunkte. Es
ist wichtig, immer wieder in die Ruhe und Stille zu kommen. Kommt
in die Einheit und Liebe mit euch und in ein Gefühl von tiefem inne-
rem Frieden und der Freude über euer Dasein. Es ist wie ein Code, der
auch in schweren Stunden hilft."

Bei deinen Patienten*innen gibst du nach Wunsch Channelings, auch mediale Lebensberatung genannt. Um welche Themen geht es dabei?

Hierbei geht es um alle Lebensthemen, also um Beziehungen und Liebe, Beruf, Familie und Gesundheit. Im Vordergrund stehen immer die Fragen: Was ist meine Seelenaufgabe, was meine Berufung? Welche alten Strukturen hindern mich daran, in Liebe, Fülle und Wertschätzung mit mir zu sein und mein Leben zu genießen? Warum fällt es mir schwer loszulassen und zu vertrauen? Wie komme ich in inneren Frieden und bedingungslose Liebe?

Die mediale Lebensberatung beginnt damit, dass meine Klienten von mir, d. h. von der geistigen Welt eine Botschaft übermittelt bekommen. Danach können sie ihre Fragen stellen und selbst mit der geistigen Welt sprechen. Es wird die Wesenheit mit der Schwingung kommen, die für den aktuellen Transformationsprozess der jeweiligen Person wichtig ist. Dabei öffnet sie ihr Herz für sich und kann anschließend ihr persönliches Thema leichter meistern. Von den Channelings mache ich eine Audioaufnahme, die ich anschließend an meine Klienten per E-Mail verschicke. Auch gebe ich Beratungen über Zoom und leite dann die Videoaufzeichnung weiter.

Du gibst auch Life Coachings. Was ist der Unterschied zum Channeling?

Beim Life Coaching berate ich die Menschen als Susanne Hirsch. Hier ist die Grundlage das gemeinsame Gespräch, um herauszufinden, was jeder Einzelne für ein glückliches, wahrhaftiges und selbstbestimmtes Leben braucht. Die Themen sind aber dieselben wie beim Channeling, also Liebe, Beziehungen, Freunde, Familie, Gesundheit und Beruf. Ich zeige dem Betreffenden neue Wege und Möglichkeiten auf. Welchen Weg er nehmen will, wählt er natürlich selbst. Denn bei allem, was wir tun, entscheidet immer der freie Wille. Auch hier gilt: Je mehr man bereit ist, sein Herz für sich selbst zu öffnen und seinen Seelenauftrag zu leben, desto schöner und reicher wird das Leben sein.

Sowohl die mediale Lebensberatung als auch das Life Coaching ist in deutscher und englischer Sprache möglich und kann direkt in meiner Praxis, am Telefon oder über Videokonferenz durchgeführt werden.

In den vergangenen Jahren hast du zwei Bücher veröffentlicht – mit gechannelten Botschaften an die Menschen …

*Ja, das erste Buch „Heilsein – Die Kraft deiner lebendigen Emotionen"
enthält Botschaften und Meditationen von Djwal Kuhl, einem aufgestiegenen Meister. Es ist eine Art Handbuch zum Glücklichsein mit
Gedanken zu unterschiedlichen Lebensthemen: von Achtsamkeit über
Freude und Freiheit bis hin zu Wahrheit, Willenskraft und Zärtlichkeit.*

*Das zweite Buch, „Semjase bringt kosmische Heilung von den Plejaden", beinhaltet nicht nur Botschaften der kosmischen Lichtwesenheiten, sondern Semjase offenbart uns Menschen einen Code, der die DNA
der menschlichen Zellen aufschließt und uns bereit macht für die Energien der neuen Zeit. So finden wir zu einer besseren Anbindung, ins
Einssein und zur leichteren Freisetzung des kristallinen Lichtkörpers.*

*In einem dritten Buch, das bisher in Manuskriptform vorliegt, geht
es um Botschaften von Aiolah, der neuen Erde. Wann es genau erscheinen wird, ist bislang noch unklar.*

**Was ist deine persönliche Lernerfahrung, die du durch
die geistige Welt empfangen hast?**

*Die ist eng mit meinem Nahtoderlebnis verknüpft, wenn es auch danach
noch einige Zeit gedauert hat, bis ich sie annehmen konnte. Bis zum
Jahr 2017 waren meine Emotionen wie mit einem Siegel verschlossen. Ich
habe mich nicht getraut, mein Inneres im Außen zu zeigen und zu dem
zu stehen, was ich fühle. Das hat sich geändert. Ich stehe heute Hand
in Hand mit meinem Auftrag. Meine Botschaft an die Menschen: Du
kannst erst alles wandeln, wenn du es umarmen, wenn du dich und die
Erde lieben kannst. Auch bin ich sehr glücklich darüber, dass ich leben darf.*

*Ich bin sehr dankbar, mit meinen Gaben zum Heilsein der Menschen
beitragen zu dürfen. Indem wir unsere Herzen für uns öffnen und auf
die Impulse unserer Seele, die Emotionen, hören, kommen wir in Liebe
und Einheit mit uns selbst.*

Wie findest du in deine Kraft? Wie entspannst du dich?

*Ich achte darauf, mein Bewusstsein hoch zu halten, indem ich auf meine Gedanken achte. Das Gefühl von Liebe, Einheit und Frieden in mir
zu stärken und mein Herz für mich zu öffnen, gibt mir die Energie für*

meine Taten. *Auch schaue ich, liebevoll mit mir zu sein, wenn es mir mal nicht gelingt, in diesem Gefühl zu bleiben. Dann weiß ich, dass ich gerade am Lernen bin. Ich liebe das, was ich tue, sehr, weil es mein Seelenauftrag ist und ich mit meinen Gaben die Menschen unterstützen kann und darf. Entspannen heißt für mich, einmal alles loszulassen und sich ins Nichts fallen zu lassen. Denn im Nichts ist alles enthalten. Es geht immer um das Sein im unendlichen Raum in Liebe, Einheit und Frieden.*

„Wenn du die Geheimnisse des Universums finden willst, denke in Begriffen wie Energie, Frequenz und Vibration."

Nicola Tesla (kroatischer Physiker und Erfinder, 1856–1943)

WASSERMANNZEITALTER UND SINGEN

„Das Singen ist zuerst der innere Tanz des Atems, der Seele,
aber es kann auch unsere Körper aus jeglicher Erstarrung
ins Tanzen befreien und uns
den Rhythmus des Lebens lehren."

(Jehudi Menuhin, weltberühmte Violinist, 1916-1999,aus: Il canto del mondo e.V.)

Singen ist die Sprache des Herzens und eröffnet uns eine Facette des Lebens, in die wir mit dem gesprochenen Wort nicht vordringen können. Singen befreit die Seele, macht glücklich und stärkt das Immunsystem. Ja mehr noch: „Unsere Stimme verrät uns, wer wir sind", sagt Callista Janzing. Die Dirigentin und Opernsängerin hat es sich zur Lebensaufgabe gemacht, Menschen, die dies möchten, in Stimme und Klang auszubilden. Mit Stimmübungen und Healing Singing, so sagt sie, kann man zu sich selbst und zum Leben finden, denn: „Das Leben hat eine schöne Melodie, wir müssen uns nur wieder daran erinnern, ihr zu lauschen."

Callista Janzing

Callista Janzing wurde am 18. Juli 1968 im Sonnenzeichen Krebs in Münster geboren. Von Kindesbeinen an fühlte sie sich zu Heilweisen hingezogen. Eigentlich wäre sie gerne Profisportlerin geworden, war zwischen ihrem 15. und 17. Lebensjahr sogar Mitglied der Frauen-Fußball-Nationalmannschaft. Wegen einer Erkrankung beider Knie musste sie diesen Berufswunsch aufgeben. Sie erinnerte sich wieder an ihren Bezug zu Heilweisen und kümmerte sich zunächst um ihren eigenen Genesungsweg. Seit ihrer Kindheit machte sie viel Musik und wandte sich während der Oberstufe ihrer musikalischen Profi-Ausbildung an verschiedenen Hochschulen dieser Welt in Dirigat, Gesang und Schauspiel zu. Als Meisterschülerin des weltbekannten Dirigenten Sergiú Celibidache gelang es ihr, mit den berühmtesten Orchestern und Chören dieser Welt zu arbeiten und in den schönsten Konzert- und Opernhäusern aufzutreten, etwa in der Carnegie Hall oder der Royal Albert Hall. Später folgten Fort- und Weiterbildungen als Stimm- und Instrumentalpädagogin (mit therapeutischer Zusatzausbildung) und in funktionaler Stimmbildung und Instrumentalspiel. Callista Janzing: „Ich erkannte, dass Musik im Allgemeinen und der Klang der menschlichen Stimme im Besonderen eine einzigartige Möglichkeit bieten, sich zu erkennen, zu entfalten, zu entwickeln und sich wieder anzubinden an seinen lichtvollen Kern im Innern, der im Göttlichen verankert ist." Ein zweites Standbein ist für Callista Janzing seit jeher auch die Astrologie. Auf den Einzelnen abgestimmt, erstellt sie individuelle Geburts-, Jahres- und Entwicklungshoroskope – „alles Handarbeit", sagt sie. Heute arbeitet Callista Janzing hauptsächlich als Spirituelle Beraterin, Kommunikationstrainerin und im Bereich der Energetischen Systemarbeit (z. B. Familienstellen) sowie vor allem als Stimm- und Klangausbilderin. Einen Schwerpunkt bildet dabei das Healing Singing.

ERKENNE DICH SELBST!

Alles im Leben dreht sich darum, sich selbst zu erkennen und über die Selbsterkenntnis sich selbst zu leben – mit allen Schwächen und Stärken. Denn die Liebe und das Glück, nach denen wir immer suchen, liegen in uns selbst. Eine Möglichkeit, sie zu finden, ist der Weg über die eigene Stimme. „Sie ist Ausdruck der Persönlichkeit und Klangbild des Selbst. Sie offenbart das eigene Wesen mit allem, was einen ausmacht, enthüllt innere Welten, Gefühle, Gedanken, Strukturen und das eigene energetische Wesen direkt und spontan", sagt Callista Janzing.

Die Stimme eines Menschen ist unverwechselbar. Sie wird geprägt durch das, was man als Klangfarbe oder Timbre bezeichnet. Ob die Stimme dunkel oder tief, klangvoll oder eher leise klingt, ist auch eine Frage der Genetik. Denn Faktoren wie Rachenraum, Zahnstellung, Zunge und Lippenform bestimmen das Klangbild eines Menschen. Allerdings nicht nur. Auch wenn jemand aufgeregt ist oder unsicher, zurückhaltend oder extrovertiert, kann das, je nachdem, zu einer schrillen oder heiseren, herrischen oder fiepsigen und quiekenden Klangfarbe führen. Hier setzt das Healing Singing an. Es beinhaltet zum einen die Befreiung der Stimme von allen Einflüssen, die nicht dazugehören. Vor allem aber beinhaltet es das heilsame Klingen zur konstruktiv gelebten Verbindung des Seelenwesens mit dem Menschenwesen, sodass ich erkennen kann, wer ich wirklich bin.

„Mittels der gezielten Stimmübungen in Healing Singing wird die eigene Schwingungs- und Wahrnehmungsfähigkeit geweckt und entfaltet. Das Innerste wird mittels der Stimme nach außen transportiert und dort bemerkbar, beobachtbar und erlebbar. So wird die Stimme zu einem Spiegel, in dem man sich an vergessene Aspekte seines Selbst wieder erinnern und sie integrieren kann. Dadurch wird es möglich, wieder in Kontakt mit der eigenen Seele zu treten, dem eigenen Herzenslicht, dem Sitz der Liebe und Wahrheit", sagt Callista Janzing.

„Das Klingen ermöglicht, alle Körper, auch die feinstofflichen, ins Schwingen zu bringen. Diese Schwingung, diesen Klang, kann man nutzen als Kraft des ‚Erkenne dich Selbst' und darüber in Einklang kommen mit seinem wahren, ursprünglichen Licht, das im göttlichen Licht verankert ist. Dadurch kann die Fähigkeit wieder entwickelt werden, alle Erfahrungen, ob Erfolg oder Misserfolg, ob Leid oder Freude, im Leben liebevoll anzunehmen. Die Stimme des Herzens wird wieder hörbar. So kann der eigene Entwicklungsweg freudig und im Einklang mit sich und der Schöpfung betreten werden. Diese Art der Stimmerfahrung kann eine der spannendsten Reisen werden, die ich kenne: die Reise zu sich selbst."

Karl Adamek und vom Glück des Singens

„Wo man singt, da lass dich ruhig nieder, böse Menschen haben keine Lieder" – diese in den Volksmund eingegangenen Zeilen stammen aus einem Gedicht von Gottfried Seume (1763–1810). Dahinter steht der Gedanke, dass ein singender Mensch keine bösen Absichten hegt und die Gemeinschaft stärkt. Und das stimmt auch. Denn beim Singen konzentriert man sich ganz auf die Melodie und den Text des Liedes, das umso glücklicher stimmt, wenn man es mit anderen, einer Gruppe, einem Chor, teilen kann. Wie wichtig die soziale und gesundheitliche Bedeutung des Singens ist, hat Karl Adamek, der Pionier der Singforschung, schon vor Jahrzehnten hervorgehoben. Ein Schwerpunkt seiner Arbeit lag und liegt dabei auf dem soziologischen Aspekt, nämlich Singen als Schatztruhe für das soziale Miteinander.

Anhand empirischer Untersuchungen zeigte Adamek, dass Singen gesund, glücklich und selbstbewusst macht und sogar die körperliche Leistungskraft steigern kann. Der Musikpädagoge und Songwriter gründete unter anderem das Internationale Netzwerk zur Förderung der Alltagskultur des Singens „Il canto del mondo e. V.", dessen Schirmherr der weltberühmte Geiger Yehudi Menuhin war. Von ihm stammt auch der Ausspruch „Singen ist ein Menschenrecht". Einfaches Singen im Alltag, ganz so wie man mag und kann, bildet seit jeher einen Schwerpunkt von Adameks Musikforschungen. Besonders wichtig ist für ihn auch das Singen im Kindesalter, denn in deutschen Familien, so sagt er, wird zu wenig gesungen. Um hier

eine Lücke zu schließen, gründete er das Singprogramm
für Kindergärten „Canto elementar", das 2012 mit dem
Deutschen Nationalpreis ausgezeichnet wurde – und ein
paar Jahre später die „Deutsche Stiftung Singen". Für sein
jahrzehntelanges ehrenamtliches Sozialengagement für das
einfache Singen wurde er 2017 mit dem Bundesverdienst-
kreuz ausgezeichnet.

WARUM WIR UNSERE STIMME ANDERS WAHRNEHMEN
ALS UNSERE UMWELT

Viele Menschen mögen ihre eigene Stimme aber gar nicht hören.
Sie ist ihnen zu hoch, zu dunkel, passt nicht zu ihnen, glauben
sie. Tatsächlich ist die Stimme, die wir von uns selbst hören nicht
dieselbe wie die, die unsere Mitmenschen wahrnehmen. Und das
hat einen einfachen Grund: Wenn wir sprechen, dann wandern
die Schallwellen durch die Luft an das Ohr unseres Gegenübers.
Dessen Gehirn wandelt dann die Vibrationen in Klang um. Anders ist es, wenn wir uns selbst sprechen hören. Dann verarbeiten
unsere Ohren zwei Klangquellen: unsere vibrierenden Stimmbänder und die vibrierende Luft in den Atemwegen. Martin Birchall, Kehlkopfspezialist vom University College in London sagt
dazu: „Wenn wir reden, ist das so, als würden alle anderen den
Klang durch Lautsprecher hören, wir hören ihn aber durch einen Höhlenkomplex in unserem Kopf. Unser Selbstbild basiert
nicht auf dem wirklichen Klang unserer Stimme, sondern auf dem
verzerrten, aber gewohnten Klang, der bei uns selbst ankommt."

FRAGEN AN CALLISTA JANZING

Liebe Callista Janzing, Sie beschäftigen sich schon fast Ihr ganzes Leben mit Stimme und Klang, was sagen Sie zu dieser Aussage von Martin Birchall?

Ich stelle immer wieder fest, dass selbst Profi-Sprechende sich nicht leicht damit tun, ihre eigene Stimme, zum Beispiel auf Aufnahmen, zu hören. Es stimmt, dass wir uns selbst anders hören, als andere uns hören. Zum einen durch das von Martin Birchall beschriebene Phänomen der Weiterleitung des eigenen Klangs durch das Höhlensystem im Kopf, zum anderen durch die Knochenleitfähigkeit – alles Faktoren, die ein inneres Hören ermöglichen, das andere Menschen nicht haben, wenn sie uns zuhören. Ich bezeichne den Klang, wie wir uns selbst hören, aufgrund der Gegebenheiten schlicht als anders als der, der beim Gegenüber ankommt. Daher kann es zu Verwunderung kommen, um es mal zart auszudrücken, wenn wir unsere eigene Stimme so hören, wie unsere Mitmenschen uns hören.

Lässt sich über die Stimme auf den Charakter eines Menschen schließen?

Instinktiv tun wir das alle. Es gibt Untersuchungen der Maximilian-Universität München, der Universität Leiden und vieler anderer Universitäten, die Forschungsergebnisse dazu veröffentlicht haben, was wir instinktiv aus der Stimme heraushören: Körperkraft, Attraktivität, Charakterzüge, Ehrlichkeit, Kongruenz, Authentizität etc. In der Medizinforschung hat man festgestellt, dass im Stimmklang Krankheiten diagnostiziert werden können, bevor sie mit anderen, bisher bekannten Diagnosemöglichkeiten überhaupt erst sichtbar gemacht werden. Es ist eben alles Schwingung: unser sogenanntes gesundes Körpersystem, unsere Seele, unser Licht, unser Potenzial, unsere sogenannten Erkrankungen.

Gibt es bestimmte Stimmtypen, in die man Menschen einteilen kann?

In der Musik gibt es Stimmlagen, in die die Menschen eingeteilt werden, zudem den Zusatz dramatisch, lyrisch, jugendlich und so weiter als Stimmtypen. Dies ist unter anderem zurückzuführen auf die verschiedenen

Rollen und deren Anforderungen, die es im Musiktheater gibt. Ich höre bei jedem Menschen, der zu mir kommt, hin und nutze das, was klingt, ohne jemanden in Stimmtypen oder Stimmfächer einzuteilen. Wie gesagt, jede Stimme ist so individuell wie der Mensch, daher nehme ich keine Stimmtypeneinteilung, wie zum Beispiel in der Musik oder orientiert an Charakterzügen, vor.

Ein Schwerpunkt Ihrer Arbeit ist das Healing Singing. Was bedeutet das und was kann man sich darunter vorstellen?
Jeder Mensch hat eine ureigene Schwingung, eine persönliche Frequenz, in der er schwingt. Hellhörige Menschen nehmen diese übrigens wahr. Sie nehmen auch wahr, inwieweit sich jemand von seinem eigenen Frequenzspektrum entfernt hat, Frequenzbereiche betont oder ob Frequenzbereiche in Disharmonie geraten sind. Healing Singing heißt, sich sein ureigenes Frequenzspektrum wieder zu erschließen, wieder in seiner Eigenschwingung zu sein und so Selbstorganisations- und Selbstheilungskräfte, die jeder von uns hat, zu aktivieren und zu nutzen. Es bedeutet, sich einzuschwingen auf hohe oder höhere Schwingungen, wie beispielsweise Mitgefühl oder Dankbarkeit, (jeweils ca. 150 Hz und mehr), aber auch niedrigfrequentere Schwingungen wie Angst, Furcht, Anspannung, Wut, Zorn und Ärger (0,1–6,8 Hz) in höherfrequentere Schwingungen zu wandeln.

Wenn wir mittels Stimmerfahrung und Persönlichkeitsentwicklung unsere ureigene Schwingung mittels Stimme hörbar werden lassen, uns selbst damit durchtönen, dann stellen wir, also meine Teilnehmenden und ich, oft fest, dass ein konstruktiver Umgang mit sich und seiner Welt entwickelt wird, dass Sinn empfunden und gelebt wird, dass Lösungs- und Handlungsmöglichkeiten gesehen werden können, die dem Ureigenen entsprechen. Wie das konkret geht? Durch Klangübungen und Klangerfahrungen mit der eigenen Stimme, die auch immer wieder gemeinsam reflektiert werden. Ein Miteinander von Erleben und Verstehen.

Was lässt sich mit Healing Singing erreichen – auf der körperlichen und seelischen Ebene?
Ein konstruktiver Umgang mit sich selbst. Sich selbst auszufüllen, seinen Körper mit seiner ureigenen Energie auszufüllen, als Seelenwesen in

seinem Körper zu wohnen, sich selbst zu durchlichten, sich sein Potential greifbar und anwendbar zu machen, sich mit sich und seiner Geschichte auszusöhnen, zu sich selbst Ja zu sagen, sich von Herzen selbst zu akzeptieren, Selbstführung und Selbstregulation zu entwickeln, seine ureigene Schwingung/Frequenz wieder wahrzunehmen und schwingen zu lassen, sich auszusöhnen mit dem Menschsein, auf der Erde ankommen, das Wundervolle der Möglichkeiten entdecken, das sich ergibt, wenn wir mit unserem Licht die Materie, also auch unseren Körper, durchdringen. Wenn auch die Materie wieder hochfrequenter schwingt, was unter anderem durch Healing Singing möglich ist, dann haben es niederfrequentere Zustände erfahrungsgemäß schwer, sich zu manifestieren.

Wenn Sie Schüler*innen in Stimme und Klang ausbilden, erhalten dann alle den gleichen Unterricht?

Nein, die Begleitung ist individuell. Selbst, wenn sich bei zwei Menschen dieselben Phänomene in der Stimme zeigen, so kann der Weg, einen konstruktiven Umgang damit zu entwickeln oder sogenannte Stimmstörungen aufzulösen sehr unterschiedlich sein. Stimme und Persönlichkeitsentwicklung sind etwas Individuelles und brauchen daher individuelle Begleitung.

Kann sich die Stimme durch Healing Singing verändern bzw. soll sie sich verändern?

Selbstverständlich kann die Stimme sich in Klang und Ausdruck durch den Entwicklungsweg, der mittels Healing Singing beschritten wird, verändern. Oft haben wir uns im Laufe unseres Lebens Klangmuster und einen Stimmgebrauch angewöhnt, die uns instinktiv sinnvoll erschienen, weil wir uns beispielsweise anpassen wollten, dazugehören wollten, geliebt sein wollten und so weiter. Durch die Stimm- und Klangbildung und den Entwicklungsweg, den unsere Stimme dabei nimmt, können wir uns von den Dingen, die nicht wirklich zu uns gehören, die also ihre hilfreiche Funktion für uns verloren haben, wieder lösen. Es geht darum, den eigenen Klang, die eigene Schwingung des wundervollen Seelenwesens, das wir sind, im Menschsein wieder zuzulassen.

Welche Schüler kommen zu Ihnen und wie lange dauert in etwa eine Bildung in Stimme und Klang?

Das lässt sich so genau nicht sagen, da es mal wieder individuell unterschiedlich ist. Es richtet sich auch danach, was jemand erreichen möchte: eine tiefe Aussöhnung mit sich selbst, mit seiner Geschichte? Stärkung der Persönlichkeit, ein inneres Wachstum oder ein größeres Schwingen in sich selbst? Eine Wandlung von Stimmproblemen wie z. B. Stottern oder Lispeln? Das dauert naturgemäß etwas länger als bei Menschen, die nicht so sehr in die Tiefe gehen möchten. Im Durchschnitt empfehle ich mindestens zehn Sitzungen, wobei weiteres eigenes Üben auch hier den Meister macht.

Die Stimme ist für Sie auch Spiritus, also der Geist, der sich im Inneren offenbart und nach außen drängt. Können Sie das bitte genauer erklären?

Wir haben einen lichtvollen Kern, der im göttlichen Licht verankert ist. Wir kommen aus dem Licht und wir gehen ins Licht. Meiner Meinung nach ist unsere Zeit hier auf dem Schulungsplaneten Erde unter anderem eine, in der wir unser göttliches Licht in der Materie in unserem Leben zum Ausdruck bringen: als Denken, Fühlen, Verhalten, Selbstführung, Lebensfreude – um nur einige Aspekte zu nennen. Der Körper ist ein wundervolles Gefäß für die Seele und ermöglicht uns, uns zu erfahren, was als nicht-inkarniertes Wesen, als Licht im Licht, nicht möglich ist.

Spiritualität spielt für Sie eine große Rolle im Leben – können Sie kurz skizzieren, warum das so ist?

Ich habe die Erfahrung gemacht, dass es mehr gibt zwischen Himmel und Erde als das, was wir anfassen können. Dadurch, dass ich meinem Leben und meinem Handeln Sinn gebe, lebe ich ein erfülltes Leben. Dadurch, dass ich gelernt habe, wieder auf mein Herz zu hören und sogenannte Herzqualitäten zu leben, führe ich ein beseeltes Leben und habe einen wunderbaren inneren Kompass in mir, der mir die Orientierung in meinem Leben leicht macht. Ein konstruktives Weltbild, wie ich es mir geschaffen habe, in dem alles seinen Sinn hat, auch, wenn ich ihn nicht immer gleich erkenne, tut sein Übriges. Ohne Sinn, was für mich, neben anderen Qualitäten, Ausdruck höchster Spiritualität ist, ist das Leben ganz schön öde, anstrengend und sinn-los. Ich spreche da aus Erfahrung und diese war nicht schön, hat aber dazu geführt, dass ich schon früh in meinem Leben aufmerksam wurde und mich auf die Suche gemacht habe, frei nach dem Motto: „Das kann doch nicht alles gewesen sein, da muss es doch mehr geben." Und heute kann ich sagen: Ja, es gibt so viel mehr als das materiell Sichtbare.

Gibt es ein beeindruckendes Erlebnis, eine persönliche Erfahrung, die Sie selbst durch Healing Singing machen konnten?

Ja, und zwar, dass ich diese tolle Methode geschöpft habe und ich somit Menschen, für die es ein Weg ist, sich mittels Stimmerfahrung persönlich weiterzuentwickeln auch mit dieser Methode begleiten kann.

Welchen Tipp können Sie Menschen geben, um sich selbst mit ihrer Stimme besser in Einklang zu bringen und die Harmonie im Außen und Innen zu finden?

Freude am Klingen entwickeln, sich von Vorstellungen lösen, wie eine Stimme klingen muss, um als schön zu gelten, sich selbst liebkosen mit seinem Stimmklang, sich innerlich ausrichten auf eine Qualität, die einem wertvoll ist, zum Beispiel auf inneren Frieden, vielleicht in einer meditativen Übung und ihn dann klingen lassen.

NACHWORT

„Wir müssen bereit sein, uns von dem Leben zu lösen, das wir geplant haben, damit wir das Leben finden, das auf uns wartet."

(Oscar Wilde)

Und das uns bestimmt ist, möchte ich gerne ergänzen. Jeder Mensch hat schöpferische Qualitäten und kann etwas besonders gut. Das gilt es im Leben zu entdecken und zum eigenen und gesamten Wohle einzusetzen.

„Die grundlegende Wandlung der Welt wird niemals durch ein neues Gesellschaftssystem geschehen, sondern nur über den Wandel des Einzelnen", sagte der 2020 verstorbene Benediktinermönch und Zen-Meister Willigis Jäger. Dass wir nicht auf Gesellschaftssysteme und Politik setzen können, haben uns die bisherigen Jahre der Pandemie und noch mehr der aktuelle Krieg in Europa deutlich vor Augen geführt. Doch bevor etwas Neues entstehen kann, muss das Alte sterben. Darum sind wir aufgefordert, unsere Komfortzone zu verlassen und uns und unsere Umwelt im neuen Licht zu betrachten. Ich möchte an dieser Stelle gerne noch einmal an die beiden ersten kosmischen Gesetze aus dem Kapitel „Wassermannzeitalter und Frieden" erinnern. Hier heißt es unter anderem: „Der Geist schafft die Materie. Der Gedanke, das Bewusstsein, erschafft die Realität." Und: „Die Außenwelt ist ein Spiegel des Selbst. Verändern wir uns, verändern wir die (Um-)Welt."

Blickt man zurzeit auf diese Umwelt, so kann man kaum glauben, dass das funktionieren soll. Wirft man aber einen Blick auf die Astrologie, so sieht die Sache doch viel rosiger aus. Seit dem 12. April 2022 haben wir eine Neptun-Jupiter-Konjunktion, die uns rund ein Jahrzehnt begleiten wird. Jupiter und Neptun in dieser Konstellation stehen für eine neue Ära des Friedens und der Liebe. Für eine Zeit des spirituellen Erwachens und Wachstums, für eine große Welle der Transformation. Viele Menschen sind jetzt in der Lage, hinter die Kulissen zu schauen und Verschleierungen und Lügen zu erkennen. Wie sagte schon der kleine Prinz: „Man sieht nur mit dem Herzen gut, das Wesentliche ist für die Augen unsichtbar."

Dabei hatten besonders wir Menschen im Westen uns alles so schön ausgemalt: eine sichere Existenz, in einem sicheren Land – was sollte da schon groß passieren? Doch nun sehen wir, dass alles passieren kann und dass nichts sicher ist. Das Einzige, worauf wir uns wirklich verlassen können, sind wir selbst. Darum sollten wir unsere Fähigkeit nutzen, uns von der Raupe zum Schmetterling zu transformieren. Der stetige Blick nach innen, um zu ergründen, was wirklich zählt und was wir uns selbst und der Welt Gutes tun können, ist heute wichtiger denn je. Wir brauchen keine Angst vor der Zukunft zu haben. Denn in besonderen Zeiten sind wir Menschen zu besonderen Handlungen fähig und besinnen uns auf das, was uns eigentlich ausmacht: unsere Menschlichkeit und unsere Fähigkeit, Göttliches zu leisten. Das hat die Geschichte immer wieder bewiesen. Auch und vor allem in Zeiten des Krieges.

Die in diesem Buch beschriebenen zehn Frauen und ihre spirituellen Wege wollen dabei eine Hilfe sein. Sie zeigen, was alles möglich ist, wenn man dem Ruf des Herzens folgt! Und dass es viele Wege gibt, um der Seele zu einem Neustart zu verhelfen. Auf dem Weg zur neuen Erde (Kapitel „Wassermannzeitalter und Neue Erde") geht es um Leichtigkeit und Harmonie. Lassen Sie sich nicht erschrecken von dem, was im Außen so alles geschieht. Hören Sie auf Ihr Herz, gehen Sie Ihren Weg! „Phantasie ist wichtiger als Wissen, denn Wissen ist begrenzt", sagte einst ausgerechnet Albert Einstein. Phantasie also, als Mittel und Zugang zu höheren Welten und zu uns selbst. Sie sind der Schöpfer Ihres Lebens! Alles, was Sie sich wünschen und in Ihrer Phantasie vorstellen können, kann auch Wirklichkeit werden. Deswegen ist es so wichtig, sich immer wieder positiv auszurichten,

um die eigenen schöpferischen Qualitäten zu wecken. Negative Berieselungen durch welche Nachrichten auch immer sollten
dabei auf ein Minimum reduziert werden, denn sie schüren nur
die kollektive Angst und führen dazu, dass Sie Ihre Ziele aus den
Augen verlieren. Vertrauen Sie Ihrer Intuition, befreien Sie sich
von äußeren Zwängen. Denn das Wassermannzeitalter ist auch
das Zeitalter der Befreiung.

Ich wünsche mir, dass dieses Buch Ihnen helfen kann, ein Leben zu führen, dass Sie glücklich macht und an dessen Ende Sie
sagen können: Es war gut und es war wichtig, jetzt gelebt zu haben!

LITERATUR

Irisa Abouzari u. a.: „Lichtermeer – ein lyrischer Lichtblick",
Kindle, 9,99 €

Irisa Abouzari: „Mantras & Bajans", CD, Irisa Consulting,
17,79 €

Sandra Cammann: „Herz fühlen – Kamasutra für Einsteiger",
Windpferd Verlag, ISBN 978-3-86410-173-1, 16,95 €

Susanne Hirsch: „Heilsein – Die Kraft deiner lebendigen
Emotionen. Botschaften und Mediationen von Djwal Khul",
AMRA Verlag, ISBN-978- 3-95447-373-1, 19,99 €

Susanne Hirsch: „Semjase bringt kosmische Heilung von den
Plejaden. Botschaften und Mediationen von Semjase",
AMRA Verlag, ISBN 978-3-95447-461-5, 19,99 €

Elisabeth Kappacher: „Mein Maya-Tagebuch", Novum
Publishing GmbH, ISBN 978-3-902057-43-3, 21,- €

Fei Long: „Quanten Heilung leicht gemacht", Goldmann
Verlag, ISBN 978-3-442-22032-8, 8,99 €

Marianne Vidya Scherer: „Sonnen-Yoga – Die Kraft des Lichts
entdecken", Windpferd Verlag, ISBN 978-3-89385-608-4,
16,95 €

Marianne Vidya Scherer: „Mit Yoga den Tag beginnen –
Sonnengruß", mit CD, Windpferd Verlag,
ISBN 978-3-86410-003-1, 19 €

Barbara Simonsohn: „Das Authentische Reiki – Ganzheitlich heilen mit der ältesten Energiemedizin der Welt", Jim Humble Verlag, ISBN 978-9088791819, 19,95 €

Barbara Simonsohn: „Reiki – Innere Heilung und spirituelles Wachstum", Schirner Verlag, ISBN 9783-843413572, 9,95 €

Sonja Ariel von Staden: „Lichtkraft für Lichtmenschen", Smaragd Verlag, ISBN 978-3-95531-194-0, 16 €

ADRESSEN/LINKS

Irisa Abouzari
Steinkopfstr. 3
51065 Köln
Tel. 0221-54 55 43
info@irisconsulting.de
www.irisaconsulting.de

Callista SoundVision Consulting
Callista Janzing
Spessartstr. 5a
53859 Niederkassel
Tel. 0228-815 84 55
callista.janzing@mac.com
www.callista.de

Sandra Cammann
sandracammann@web.de
www.sandracammann.de
www.authentisches-reiki.com
www.herzfühlen.de

Susanne Hirsch
Hohenzollernstraße 8
80801 München
Mobil 0163-848 49 45
susanne-hirsch@gmx.net
www.susannehirsch-heilsein.de

Elisabeth Kappacher
Unterm Bäckerhörndl 13/14
A-5201 Seekirchen
Tel. 0043-(0)664-514 77 49
elisabeth@kappacher.at
www.mayaweg.at/maya-horoskop
www.mayaweg.at/aktuelle-zeitqualitaet

Franziska Lüttich
Tritthofstraße 57
82362 Weilheim/Obb.
Tel. 0881-92 77 99 80
0175-466 44 48
kontakt@lebewohl-geliebtes-tier.de
www.lebewohl-geliebtes-tier.de

Nistara Brigitte Rothfischer
An der Wieste 30
27367 Sottrum
0160-783 42 76
info@network4wellness.de
www.network4wellness.de

Marianne Scherer
Sedanstraße 33
81667 München
Tel. 089-44 14 17 98
marianne.scherer@gmx.de
www.mariannescherer.de

Barbara Simonsohn
Holbeinstraße 26
22607 Hamburg
Tel. 040-89 53 38
info@barbara-simonsohn.de
www.barbara-simonsohn.de

Sonja Ariel von Staden
Cami de Son Miro 247
E-07230 Montuiri
contact@sonja-ariel.com
www.sonja-ariel.com

EIN HERZ FÜR AUTOREN A HEART FOR AUTHORS À L'ÉCOUTE DES AUTEURS MIA KAPΔΙΑ ΓΙΑ ΣΥΓΓΡΑ
HJÄRTA FÖR FÖRFATTARE UN CORAZÓN POR LOS AUTORES YAZARLARIMIZA GÖNÜL VERELIM SZÍV
CUORE PER AUTORI ET HJERTE FOR FORFATTERE EEN HART VOOR SCHRIJVERS TEMOS OS AUTOR
SERZÖINKÉRT SERCE DLA AUTORÓW EIN HERZ FÜR AUTOREN A HEART FOR AUTHORS À L'ÉCOUT
CORAÇÃO BCEЙ ДУШОЙ К АВТОРАМ ETT HJÄRTA FÖR FÖRFATTARE Á LA ESCUCHA DE LOS AUTORI
AUTEURS MIA KAPΔΙΑ ΓΙΑ ΣΥΓΓΡΑΦΕΙΣ UN CUORE PER AUTORI ET HJERTE FOR FORFATTERE EEN H,
YAZARLARIMIZA GÖNÜL VERELIM SZÍVÜNKBŐL ZÖINKÉRT SERCE DLA AUTORÓW EIN HERZ FÜR
VOOR SCHRIJVERS TEMOS OS AUTORI CORAÇÃO BCEЙ ДУШОЙ К АВТОРАМ ETT HJÄRTA FÖR

Die Autorin

Martina Seifen kam 1959 in Leverkusen zur Welt, heute lebt sie im oberbayerischen Tutzing. Nach dem Abitur folgte eine Ausbildung zur Fernseh- und Videoredakteurin und Lektorin. Sie arbeitete bei Bild der Frau, Bunte und beim Bio-Magazin, hier auch als stellvertretende Chefredakteurin. Seit gut 30 Jahren beschäftigt sich die Journalistin und Autorin mit Themen rund um Körper, Geist und Seele. Sie hat bereits mehrere Artikel und Bücher veröffentlicht, zum Beispiel „Energienahrung", „Die große Farbdiät" und „Gegen Grippe ist ein Kraut gewachsen". Außerdem ist sie Lehrerin für Authentisches Reiki. Zu ihren Hobbys gehören Lesen, Wandern, Schwimmen und Reisen. Gerne ist sie mit der Familie, Freunden und auch mit Hunden zusammen.